Heike Schmid

Materialien und Kopiervorlagen zu

John Boyne
Der Junge im gestreiften Pyjama

Hase und Igel®

Inhalt.

www.hase-und-igel.de
Lektorat: Anna Meißner, Sonja Stahuber
Illustrationen: Johann Brandstetter
Satz: Margit Kick
Druck: Joh. Walch GmbH & Co. KG, Augsburg

ISBN 978-3-86760-752-0
9. Auflage 2024

„Der Junge im gestreiften Pyjama" – Das Buch im Unterricht

Das Buch

Zwei gleichaltrige Jungen, die auf unterschiedlichen Seiten eines Zauns sitzen und miteinander reden – das war die Grundidee des Autors John Boyne, aus der er seinen Roman „Der Junge im gestreiften Pyjama" 2006 entwickelte. Das Buch wurde seit seinem Erscheinen über fünf Millionen Mal verkauft, in fast 60 Sprachen übersetzt und 2008 sogar verfilmt.

Bemerkenswert an diesem Buch über den Holocaust ist, dass die Geschichte aus der Sicht von einem der beiden Jungen am Zaun erzählt wird: aus der des neunjährigen Bruno, der aufgrund seiner unschuldigen, kindlich-naiven Weltsicht die ihn umgebenden Grausamkeiten nicht durchschaut. Deshalb wird vieles nur angedeutet. Die außergewöhnliche Perspektive, die das NS-Regime und die Verbrechen an den Juden mit erschreckender Einfachheit und kindlicher Logik darstellt, zeigt deren Absurdität und Gräuel umso drastischer. Gleichzeitig wirft diese Perspektive viele Fragen auf (z.B. Kann der Sohn eines Lagerkommandanten die Vorgänge wirklich nicht durchschauen? Was passiert an den Leerstellen?). Damit sticht der Roman aus den anderen Jugendbüchern über die Zeit des Nationalsozialismus hervor und bietet als Schullektüre viele Anknüpfungspunkte. Diese neue und ungewöhnliche Art, auf den Holocaust zu blicken, erklärt auch den Erfolg und die Etablierung als Schullektüre. Da der Leser sich Brunos Geschichte nicht zuletzt durch sein (historisches) Hintergrundwissen erschließen muss, eignet sich der Roman als Lektüre ab der 8. Klasse.

Bruno erfährt eines Tages im Jahr 1943, dass er mit seinen Eltern und seiner Schwester Gretel aus Berlin wegziehen muss. Grund dafür ist die Beförderung seines Vaters zum Kommandanten des Konzentrationslagers Auschwitz in Polen. Bruno ist sehr traurig, da er nicht nur seine Freunde, sondern auch seine Großeltern zurücklassen muss. Im neuen, düsteren Zuhause, direkt am Zaun zum Konzentrationslager, kann er sich nicht einleben. Er ist einsam, weil ihm Spielkameraden fehlen und sich seine zwölfjährige Schwester dafür nicht eignet.

Bruno sieht von seinem neuen Kinderzimmerfenster auf die andere Seite des Zauns, allerdings kann er überhaupt nicht einordnen, was er dort sieht, und erhält auf seine Nachfragen nur ausweichende bzw. für ihn un- oder missverständliche Antworten.

Eines Tages jedoch erinnert er sich an seine alte Lieblingsbeschäftigung: das Forschen. Und so macht er sich auf, um herauszufinden, wohin der endlos lange Zaun am Haus führt. Nach einer Weile entdeckt er auf der anderen Zaunseite einen Jungen, der mit einem gestreiften „Pyjama" bekleidet ist. Zwischen den beiden Jungen entwickelt sich ein Gespräch. Bruno trifft sich von nun an täglich mit Schmuel, der auf den Tag genau so alt ist wie Bruno, und es entsteht eine ganz besondere Freundschaft. Sie ist gekennzeichnet von den Gesprächen am Zaun, denn mehr können die beiden nicht miteinander unternehmen. Zwar deutet Schmuel Bruno gegenüber immer wieder die Grausamkeiten an, die sich auf seiner Seite abspielen, doch Bruno versteht ihn nicht.

Als Bruno schließlich Schmuel helfen möchte, seinen verschwundenen Vater zu suchen, und durch ein Loch im Zaun ins Konzentrationslager gelangt, ist er schockiert über das, was er sieht, und muss erkennen, dass es dort gänzlich anders ist, als er sich das vorgestellt hat. Zusammen mit seinem Freund und anderen Lagerinsassen landet er schließlich in der Gaskammer.

Es empfiehlt sich, das Buch begleitend zu lesen, wenn der Nationalsozialismus im Geschichtsunterricht durchgenommen wird, oder es in einem fächerübergreifenden Unterrichtsprojekt (Deutsch/Geschichte) einzusetzen.

Die Seitenangaben beziehen sich auf die Taschenbuchausgabe des Fischer Verlags, erschienen 2009. Zusätzlich bieten sich die Hörbuchausgabe des argon Verlags und die gleichnamige Verfilmung des Romans als Ergänzung im Unterricht an.

Das Material

Das Material beschäftigt sich schwerpunktmäßig mit Brunos neuer Lebenswelt in Auschwitz und seiner Freundschaft zu Schmuel. Da die zeitgeschichtlichen Umstände im Roman nicht direkt angesprochen werden, bietet der vorliegende Band neben verschiedenen Auseinandersetzungsmöglichkeiten mit der Lektüre auch einige schülergerechte Kopiervorlagen zur Behandlung der Themenbereiche „Antisemitismus und Holocaust" sowie „Leben und Gesellschaft im Dritten Reich". Geschichtliches Hintergrundwissen wird beispielsweise anhand von Informationstexten oder Rechercheaufgaben auf empfehlenswerten Internetseiten erarbeitet. Es werden auch zahlreiche Anregungen gegeben, Vermutungen zu den Leerstellen des Romans zu äußern und das zur Sprache zu bringen, was der Text ausspart.

Anhand verschiedener Aufgabentypen, wie z.B. Multiple-Choice oder dem Vervollständigen von Sätzen, können die Schüler ihr Leseverständnis unter Beweis stellen. Die Auseinandersetzung mit den verschiedenen Figuren des Romans und vor allem mit der Freundschaft zwischen Bruno und Schmuel ist durch unterschiedliche Arbeitsaufträge gewährleistet. Dazu zählen u.a. Schreibaufgaben wie innerer Monolog, Tagebucheintrag oder Brief. Zusätzlich werden verschiedene Instrumente zur genauen Textanalyse vermittelt.

Das Begleitmaterial bietet unter der Rubrik „Kreativ aktiv“ viele Ansatzpunkte für eine aktive Schülerbeteiligung, z. B. in Form von Collagen oder Präsentationen. Sie können je nach Schwerpunktsetzung, Interesse der Schüler und individueller Unterrichtssituation auswählen.

Das Placemat-Verfahren als Methode des kooperativen Lernens ermöglicht die kreative Erarbeitung einer Figurencharakteristik. Weitere handlungs- und produktionsorientierte Verfahren, wie z. B. das Bauen von Standbildern, das szenische Spiel oder das Erstellen von Wortwolken, bieten Ihnen Anregungen für einen motivierenden Unterricht.

Da Schulklassen oftmals eine große Heterogenität aufweisen, finden Sie immer wieder Differenzierungsmöglichkeiten. Des Weiteren wurde bei der Erstellung des Materials Wert darauf gelegt, dass sich die Schüler im Formulieren üben und nicht nur stichwortartig Lösungen aufschreiben. Sprachlich sind die Jugendlichen außerdem immer wieder herausgefordert, einen breiten Wortschatz zu aktivieren, z. B. durch das Suchen passender Adjektive.

Das Material orientiert sich am chronologischen Handlungsverlauf des Romans und ist in fünf Sinnabschnitte gegliedert. Jeder einzelne verfügt über einen Lehrerteil, der mit einer kurzen Zusammenfassung der betreffenden Kapitel beginnt. Es folgen didaktische Hinweise und Lösungen zu den Kopiervorlagen, Gesprächs- und Schreibanlässe sowie Ideen für eine kreative Auseinandersetzung mit ausgewählten Themen. Unmittelbar im Unterricht einsetzbare Kopiervorlagen schließen jeden Sinnabschnitt ab.

Zum Abschluss liefert ein Zusatzkapitel Anregungen und Kopiervorlagen für den Einsatz der Romanverfilmung im Unterricht.

Signets am oberen Seitenrand verdeutlichen den thematischen Schwerpunkt jeder Kopiervorlage:

Zur Lektüre

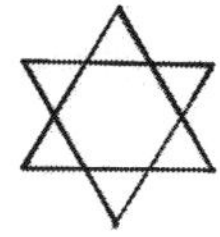

Antisemitismus und Holocaust

Leben und Gesellschaft im Dritten Reich

Filmwissen

Viel Erfolg beim Lesen und Arbeiten mit dem Material sowie eine gewinnbringende Auseinandersetzung mit einem wichtigen Thema wünscht Ihnen und Ihrer Klasse

Heike Schmid

1. bis 5. Kapitel: Der Umzug nach „Aus-Wisch"

Inhalt

(1) Als der neunjährige Bruno eines Tages von der Schule nach Hause kommt, sind die Hausangestellten mit Kofferpacken beschäftigt. Er erfährt von seiner Mutter, dass die Familie umziehen wird. Grund dafür ist die neue Arbeitsstelle des Vaters. Bruno ist traurig, denn er muss nicht nur das schöne Wohnhaus in Berlin verlassen, sondern sich auch von seinen Freunden und seinen Großeltern verabschieden.

(2) Der neue Wohnort entpuppt sich für Bruno als völliger Gegensatz zu Berlin: ein trostloses Gelände ohne Nachbarhäuser oder Geschäfte. Der Junge empfindet den Umzug als einen Riesenfehler und möchte am liebsten sofort nach Berlin zurückkehren. Seine Mutter erklärt ihm jedoch, dass dies nun ihr neues Zuhause ist und sie das Beste aus der Situation machen müssen. Auch sie scheint über den Umzug alles andere als glücklich zu sein.

(3) Bruno erfährt von seiner drei Jahre älteren Schwester Gretel, dass ihr neuer Wohnort „Aus-Wisch" heißt. Sie vermutet, dass sie an diesen Ort gezogen sind, weil die Vorgänger ihre Arbeit nicht ordentlich verrichtet haben und dies jetzt die Aufgabe ihres Vaters ist. Bruno zeigt Gretel den Ausblick aus seinem Zimmerfenster. Er hat von dort aus Kinder gesehen, die nicht fröhlich wirkten. Gretel wird nervös, blickt aber schließlich doch nach draußen.

(4) Vom Fenster aus sehen die beiden Kinder direkt am Haus einen großen, gepflegten Garten, an den sich ein riesiges, eingezäuntes Gelände anschließt, in dem sich viele niedrige Baracken und quadratische Gebäude befinden, aber kein bisschen Grün. Darin halten sich Jungen und Männer jeden Alters auf, jedoch keine weiblichen Personen. Zunächst hat Gretel keine Erklärung dafür, doch dann spekuliert sie, dass es sich um einen landwirtschaftlichen Betrieb handeln müsse. Bruno nimmt ihr diese Erklärung nicht ab, da keine Tiere zu sehen sind. Beim weiteren Beobachten des Geländes wundern sich die beiden Kinder über die Geschäftigkeit der Leute, die von Soldaten angebrüllt werden. Bruno fällt auf, dass alle Menschen in dem eingezäunten Gelände grau gestreifte Pyjamas und Kappen tragen.

(5) Bruno sucht schließlich seinen Vater in dessen Büro auf, um Antworten auf seine Fragen zum neuen Wohnort zu bekommen. Im Gespräch mit seinem Vater macht der Junge unmissverständlich klar, dass es ihm in seinem neuen Zuhause überhaupt nicht gefällt. Der Vater vertröstet ihn zunächst. Als er jedoch merkt, dass er Bruno von seiner Meinung nicht abbringen kann, beendet er das Gespräch und schickt Bruno auf sein Zimmer. Beim Hinausgehen wagt der Junge noch zu fragen, wer die Menschen jenseits des Zauns sind. Sein Vater erwidert ihm, dass das gar keine Menschen seien und Bruno nichts mit ihnen gemeinsam habe.

Unterrichtsschwerpunkte

- die Hauptfigur Bruno
- Brunos neue Lebensumgebung
- Brunos Familie
- Rassenideologie im Nationalsozialismus

Zu den Kopiervorlagen

KV Seite 10

Der Umzug – ein Riesenfehler

Diese Kopiervorlage verdeutlicht in einer Gegenüberstellung, wie sich durch den Umzug das Leben für Bruno von einem Tag auf den anderen verändert. Da im Laufe der Lektüre immer wieder Erinnerungen an sein Leben in Berlin auftauchen, können die Schüler diese Kopiervorlage nach und nach ergänzen.

Mögliche Lösung

Aufgabe 1:

	Vor dem Umzug	Nach dem Umzug
Wohnhaus	• fünf Stockwerke (inkl. Keller und Dachkammer) • Geländer, auf dem man durch das ganze Haus rutschen kann • Winkel und Ecken, die man erforschen kann • Fenster, aus dem man ganz Berlin überblickt	• drei Stockwerke • Garten mit Blumen
Freunde	• drei allerbeste Freunde (Karl, Daniel und Martin), mit denen man Pläne schmieden kann	• keine (erst später Schmuel)
Verwandte	• Großeltern, die in der Nähe wohnen	• keine Großeltern in der Nähe

Umgebung	• andere große, schöne Häuser in der Nachbarschaft • Geschäfte mit Schaufenstern, Obst- und Gemüsestände • Cafés mit Tischen im Freien	• leeres, trostloses Gelände • weit und breit nichts (keine Wohnhäuser, Geschäfte, Straßen) außer einem riesigen, eingezäunten Gelände mit hartem Boden, Baracken, kleinen Gebäuden, Schornsteinen
Nachbarn	• andere Jungen in Brunos Alter	• Hunderte von Menschen, schmutzig, abgemagert, manche verletzt • Soldaten

Aufgabe 2:
Das alte Zuhause war aufregend, vertraut, schön, lebendig, spannend, geheimnisvoll, kindgerecht, behaglich.
Das neue Zuhause ist fremd, öde, einsam, langweilig, hässlich, entsetzlich, ungewohnt, abstoßend.

Meinungen zum Umzug

Die Schüler arbeiten die unterschiedlichen Meinungen der einzelnen Familienmitglieder zum Umzug heraus. Diese reichen von totaler Ablehnung (Bruno) über Akzeptanz (Gretel), Hilflosigkeit und Sich-ins-Schicksal-Fügen (Mutter) bis zu egoistischem Karrieredenken, stolzem Erfüllen einer vom Führer übertragenen Aufgabe und Ausblenden der Nachteile für die eigene Familie (Vater). Gleichzeitig zeigt sich die damals typische männliche Dominanz innerhalb der Familie.

Mögliche Lösung

Bruno: Der Umzug war ein Riesenfehler! Wie kann man nur freiwillig hierher ziehen? In Berlin war es so schön. Und wie ist es hier? Genau das Gegenteil: öde, langweilig und hässlich. Am liebsten würde ich sofort wieder meine Sachen packen. Ich weiß gar nicht, wie ich es hier überhaupt aushalten soll. Das ist eine Zumutung!

Gretel: Hier ist es nicht schön. Aber wahrscheinlich müssen wir das Haus einfach ein bisschen herrichten, dann sieht es schon besser aus. Ich vermisse meine Freundinnen, aber wir können nichts daran ändern. Vater ist eben der einzig richtige Mann für diese Arbeit hier.

Mutter: Ich war entsetzt, als ein gewisser Jemand mir mitteilte, dass wir hierher ziehen werden. Aber ich konnte nichts dagegen tun. Ich bin sehr unglücklich, denn das ist kein Ort für die Kinder. Aber es stand nie zur Diskussion, dass sie und ich in Berlin bleiben würden. Jetzt müssen wir das Beste daraus machen.

Vater: Ich habe vom Führer eine äußerst verantwortungsvolle Aufgabe übertragen bekommen. Darauf bin ich sehr stolz. Natürlich habe ich entschieden, dass meine Familie mitkommt. Dass es hier nicht so schön ist wie in Berlin, mag schon sein, aber fürs Vaterland und den Führer muss man eben Opfer bringen.

Jetzt bist du still!

Das Arbeitsblatt thematisiert das Gespräch zwischen Bruno und seinem Vater, das den Höhepunkt des ersten Buchabschnitts (Umzug und Ankunft in „Aus-Wisch") darstellt. Es lohnt sich, diesen Dialog genauer unter die Lupe zu nehmen, weil er folgende Aspekte deutlich macht:

- die Beziehung zwischen Bruno und seinem Vater
- die Einstellung des Vaters zu seiner Arbeit
- Brunos Charakter
- den Argumentationsverlauf eines (missglückten) Dialogs.

Hinweis: Der Dialog wird auf dem Blatt teilweise gekürzt und leicht abgewandelt wiedergegeben.

Lösung

Aufgabe 1:
Bruno: grau / Vater: weiß

„Wann können wir wieder nach Berlin zurück? Dort ist es viel schöner."

„Jetzt mach mal halblang. Ein Zuhause ist kein Gebäude oder eine Straße oder eine Stadt oder etwas Künstliches aus Backsteinen und Mörtel. Ein Zuhause ist da, wo man seine Familie hat, nicht wahr?"

„Aber Großvater und Großmutter sind in Berlin. Sie gehören auch zu unserer Familie. Also kann das nicht unser Zuhause sein."

„Ja, Bruno, sie sind in Berlin. Aber in unserer Familie sind du und ich und Mutter und Gretel die wichtigsten Personen. Und wir leben jetzt hier. In Aus-Wisch. Jetzt mach nicht so ein unglückliches Gesicht! Du hast es noch gar nicht versucht. Vielleicht gefällt es dir hier."

„Mir gefällt es hier nicht. Meine Freunde sind nicht da: Außerdem sind keine anderen Häuser in der Nähe, keine Cafés mit Tischen draußen.“

„Bruno, im Leben müssen wir manchmal Dinge tun, die wir uns nicht aussuchen können. Das ist meine Arbeit, wichtige Arbeit. Wichtig für unser Land. Wichtig für den Furor. Eines Tages wirst du das verstehen.“

„Meinst du, mein Leben wäre so erfolgreich, wenn ich nicht gelernt hätte, wann ich streiten oder wann ich den Mund halten und Befehlen gehorchen soll?“

„Hast du bei deiner Arbeit etwas Schlimmes gemacht? Der Furor hätte dich wohl kaum an so einen Ort geschickt, wenn du nicht etwas getan hättest, wofür er dich bestrafen will. Deshalb solltest du dich bei ihm entschuldigen.“

„Ich frage mich, ob du sehr mutig bist oder einfach nur respektlos. Aber jetzt bist du still. Du musst es akzeptieren.“

Aufgabe 2:
Bruno:
z. B. eingeschüchtert – Das prachtvolle Arbeitszimmer des Vaters schüchtert Bruno gleich zu Beginn des Gesprächs ein (S. 61).
beharrlich – Bruno gibt dem Vater zu verstehen, dass es ihm in „Aus-Wisch“ überhaupt nicht gefällt, auch nachdem dieser versucht hat, ihn zu überzeugen (S. 62 f.).
mutig – Bruno hakt nach, als es darum geht, ob die Versetzung nach „Aus-Wisch“ eine Bestrafung für fehlerhafte Arbeit ist (S. 66 f.).

Vater:
z. B. überheblich – Der Vater lacht Bruno bei der Frage aus, ob er einen Fehler begangen habe (S. 66).
unsensibel – Der Vater argumentiert sachlich, als Bruno ihm klarmacht, dass es ihm am neuen Wohnort überhaupt nicht gefällt, anstatt ihn in den Arm zu nehmen und zu trösten.
belehrend – Der Vater argumentiert immer wieder mit Floskeln, die Bruno nicht weiterhelfen.

Aufgabe 3:
z. B. a) Die Beziehung zwischen Bruno und seinem Vater wirkt sehr kühl (sie begrüßen sich per Handschlag), nicht liebevoll. Der Vater versucht Bruno sachlich davon zu überzeugen, dass der Umzug nach „Aus-Wisch“ nicht schlimm ist. Er ist dabei nicht einfühlsam und geht nicht auf Bruno ein.

b) Bruno argumentiert im Verlauf des Gesprächs immer wieder aus seiner Sicht plausibel, z. B.: „Aber Großvater und Großmutter sind in Berlin [...]. Sie gehören auch zu unserer Familie. Also kann das nicht unser Zuhause sein.“ (S. 63) oder „Ich weiß, dass alle sagen, du bist ein wichtiger Mann und der Furor hat Großes mit dir vor, aber er hätte dich wohl kaum an so einen Ort geschickt, wenn du nicht etwas getan hättest, wofür er dich bestrafen will.“ (S. 66). So treibt er seinen Vater in die Enge. Er ist mutig und stellt dem Vater unangenehme Fragen, bis dieser nicht mehr weiterweiß und Bruno in sein Zimmer schickt.

c) Keiner der beiden kann den anderen mit seinen Argumenten überzeugen, weil sie unterschiedliche Sichtweisen haben: Bruno gefällt es an diesem Ort überhaupt nicht, der Vater hat seine Karriere im Blick. Für Brunos Vater ist Gehorsam wichtiger als das Wohl seiner Familie. Als ihm die Argumente ausgehen, bricht er das Gespräch ab.

KV Seite 13

Die Rassenideologie der Nationalsozialisten
Diese Kopiervorlage stellt eine wichtige Information zum Verständnis des gesamten Buchs dar, da sie den Schülern Hintergrundwissen zur Rassenideologie der Nationalsozialisten vermittelt.

Zunächst wird mit Brunos Frage und der Antwort des Vaters ein Bezug zur Lektüre geschaffen. Es schließt sich der informative Sachtext an. Stärkere Schüler werden die abschließende Transferaufgabe ohne Zwischenschritt lösen können. Für schwächere empfiehlt es sich, vorab den Inhalt des Textes im Klassengespräch zu diskutieren und den Begriff „autoritäres Regime“ zu erläutern.

Mögliche Lösung
Aufgabe 2:
- Die Einteilung der Welt in Gut und Böse schafft eine Hierarchie und legitimiert die Machtausübung gegenüber den „Bösen“.
- Ein klares Feindbild bietet für komplexe Zusammenhänge und Probleme eine einfache Erklärung.
- Feindbilder benennen nach außen Schuldige und schweißen nach innen zusammen.
- Das autoritäre Regime erscheint als „Retter“ vor einer Bedrohung.
- Das Vorgehen gegen einen „gefährlichen Feind“ schafft Gewaltbereitschaft.

Weißt du die Antwort?

Mithilfe der Fragen auf dem Tandembogen überprüfen die Schüler selbstständig ihr Leseverständnis des 1. bis 5. Kapitels. Die Partnerarbeit mit gegenseitiger Kontrolle gewährleistet, dass jeder Schüler sich aktiv einbringen muss.

Die Arbeit mit dem Tandembogen ist abgeschlossen, wenn er in zwei Durchgängen bearbeitet wurde:

- Durchgang 1: Schüler A liest und beantwortet die erste Frage, Schüler B kontrolliert. Dann wird gewechselt, sodass Schüler B die zweite Frage liest und beantwortet, Schüler A kontrolliert usw.
- Durchgang 2: Der Tandembogen wird nochmals durchgearbeitet, doch jetzt beantwortet Schüler B die erste Frage und Schüler A kontrolliert usw.

Die Schüler können den Tandembogen auf der Rückseite weiterentwickeln, indem sie sich zusätzliche Fragen zu den ersten fünf Kapiteln überlegen.

Lassen Sie die Schüler in Partnerarbeit zu einem späteren Zeitpunkt für andere Kapitel weitere Tandembögen zum Leseverständnis entwerfen, die sie gegen die eines anderen Paares austauschen und bearbeiten.

Hinweis: Erklären Sie den Schülern den Unterschied und die Bedeutung von offenen und geschlossenen Fragen, bevor sie einen eigenen Tandembogen entwerfen. Denn mit diesem Wissen bestimmen sie die Schwierigkeit ihrer Fragen. Außerdem sollten sie auf das Abfragen kleinster Details verzichten.

Gesprächs- und Schreibanlässe

Kapitelüberschriften

Der Autor John Boyne hat die einzelnen Kapitel mit Überschriften versehen, die den Leser neugierig auf den Inhalt des Kapitels machen. Erstelle eine Tabelle nach dem folgenden Muster. Erkläre die Bedeutung der Kapitelüberschriften und finde selbst eine passende.

Kapitel	Überschrift des Autors	Bedeutung der Überschrift	Eigene Idee für Überschrift
1	Bruno macht eine Entdeckung	Die Entdeckung besteht darin, dass die Familie umziehen wird und bereits alle Sachen gepackt werden.	Der überraschende Umzug

Alternative dazu: siehe Kreativ aktiv „Lektürebegleitende Aufgabe“ (S. 9).

Brunos Familie

Stelle in Form einer Figurenkonstellation dar, wer zu Brunos Familie gehört bzw. in ihrem Haushalt lebt. Ordne die Figuren so an, dass deutlich wird, wie Brunos Beziehung zu den einzelnen Personen ist. Je näher diese beisammenstehen, desto enger ist ihr Verhältnis. Arbeite auch mit Pfeilen und Symbolen. Gib Informationen zu den einzelnen Figuren, die du im Buch erhältst.

Hinweis: Diese Aufgabe kann als Variation sehr gut in Gruppenarbeit erfolgen. Stellen Sie dafür z. B. kleine Plastikfiguren (oder auch größere Spielsteine) zur Verfügung, denen die Schüler Zettel mit den Namen der Figuren und Informationen zu ihnen anheften. Zur Sicherung werden die einzelnen Figurenkonstellationen fotografiert, sodass man im Laufe der Lektüre darauf zurückgreifen kann. Jede Gruppe sollte abschließend ihre Figurenkonstellation vorstellen und vor allem die Anordnung begründen. Der Vergleich der einzelnen Konstellationen ermöglicht interessante Diskussionen und eine erste Auseinandersetzung mit den Romanfiguren.

Brunos Vater und sein Beruf

Der Grund für den Umzug der Familie ist die berufliche Beförderung des Vaters. Allerdings wird im Text nie eindeutig erwähnt, welche Arbeit der Vater verrichtet. Sammle stichwortartig Hinweise auf den Seiten 10 bis 12 und 56 bis 58 und ziehe Schlussfolgerungen. Denke dabei auch an die Lage des neuen Wohnhauses.

Anmerkung: Erläutern Sie ggf. den Begriff „Lagerkommandant“.

Bloß nicht wegziehen?

Unterhaltet euch in der Klasse darüber, was es bedeutet, wenn man mit der Familie in eine andere Stadt, Region oder ein anderes Land ziehen und seine Freunde zurücklassen muss. Vielleicht kann der eine oder andere von euch sogar von eigenen Erfahrungen berichten und ihr lernt eure Klassenkameraden besser kennen.

Redewendungen

„Etwas als Erfahrung verbuchen“, „aus einer schlimmen Situation das Beste machen“ (S. 23) – kennst du weitere Redewendungen als Trost in oder nach einer schwierigen Zeit?

Diskutiert miteinander: Was steckt hinter den Redewendungen? Sind sie nur Floskeln oder helfen sie in bestimmten Situationen weiter?

Disziplin und Effizienz
Worüber sprechen die Soldaten auf Seite 57? Was ist mit den Begriffen „Disziplin“ und „Effizienz“ gemeint? Schlage die Bedeutung der beiden Wörter in einem Fremdwörterlexikon nach. Überlege, was diese Begriffe mit dem Beruf von Brunos Vater zu tun haben. Inwiefern stehen sie in Verbindung mit der Zeit des Nationalsozialismus? Schreibe deine Überlegungen auf.

Wo sind wir nur gelandet?
Stell dir vor: Heute ist Brunos Familie im neuen Zuhause in „Aus-Wisch“ angekommen. Bruno liegt am Abend in seinem Bett und kann nicht einschlafen. Zu viele neue Eindrücke schwirren in seinem Kopf herum. Es gibt so viele Ungereimtheiten. Schreibe diesen inneren Monolog.

Kreativ aktiv

Lektürebegleitende Aufgabe
Schreibe parallel zur Lektüre aus jedem Kapitel einen markanten Satz oder Absatz heraus. Lies am Ende der Beschäftigung mit dem Roman zu einem oder mehreren Kapiteln deine Zitate vor und begründe, warum du gerade diese (Ab-)Sätze ausgewählt hast. Aus deiner individuellen Auswahl entsteht eine ganz spezielle Zusammenfassung des Buchs, die du mit denen deiner Mitschüler vergleichen kannst.

Der Blick aus Brunos Zimmer
Auf den Seiten 44 f. und 48 bis 52 wird der Ausblick auf das Lager von Brunos Zimmerfenster genau beschrieben. Male diesen Blick.

Das Konzentrationslager Auschwitz
Mit „Aus-Wisch“ ist Auschwitz gemeint, das größte Konzentrations- und Vernichtungslager der Nationalsozialisten im Dritten Reich. Informiere dich anhand der folgenden Fragen darüber: Wo war dieses KZ? Wie weit ist das von Berlin entfernt? Wozu diente es? Wer war dort inhaftiert? Wie sah das Leben der Inhaftierten aus? Wie ging man mit den Inhaftierten um?
Folgende Internetseiten liefern Informationen:
- *www.wikipedia.de*
- *www.planet-wissen.de*
- *www.auschwitz.org/en/*
- *www.dhm.de/lemo*

Finde heraus, wo es Konzentrations- oder Arbeitslager in deiner Umgebung gab. Organisiert einen Besuch dorthin, um euch einen Eindruck zu verschaffen.

„Aus-Wisch“
Bruno gelingt es nicht, „Auschwitz“ auszusprechen. Für ihn ist es „Aus-Wisch“, das er von „auswischen“ ableitet, womit er ganz nah an der Wahrheit ist, denn hier wurde das Leben von über einer Million Menschen systematisch „ausgewischt“. Nähere dich mit dieser Assoziation dem Konzentrationslager künstlerisch an und entwirf ein Plakat (oder eine Collage), das (oder die) Brunos Missverständnis beinhaltet.

Der Umzug – ein Riesenfehler

1. Bruno kann es anfangs nicht fassen, dass die Familie fortan in dem neuen Zuhause leben soll. Schreibe aus dem 1. bis 4. Kapitel heraus, wie die Veränderungen aussehen.

	Vor dem Umzug	Nach dem Umzug
Wohnhaus		
Freunde		
Verwandte		
Umgebung		
Nachbarn		

2. Finde passende Adjektive, die das alte und neue Zuhause treffend beschreiben.

Das alte Zuhause war ______________________________

____.

Das neue Zuhause ist ______________________________

____.

Meinungen zum Umzug

Wie sehen die Familienmitglieder den Umzug? Versetze dich in die einzelnen Personen und schreibe ihre Meinung aus der Ich-Perspektive in die jeweilige Sprechblase.

Jetzt bist du still!

Am Tag seiner Ankunft in „Aus-Wisch“ spricht Bruno mit seinem Vater (S. 60–69).

1. Markiere die Dialogteile von Bruno und seinem Vater mit unterschiedlichen Farben. Schneide sie aus und klebe die Argumente so in dein Heft, dass sie in der richtigen Reihenfolge gegenüberstehen.

2. Wie wirken Bruno und sein Vater während des Gesprächs? Beschreibe mit je drei Adjektiven und begründe deine Wahl mündlich.

Bruno		Vater
① ________		① ________
② ________		② ________
③ ________		③ ________

3. Analysiere das Gespräch unter folgenden Aspekten. Schreibe in dein Heft.

a) Wie ist die Beziehung zwischen Bruno und seinem Vater? Beachte dabei auch den Beginn (S. 60).
b) Skizziere den Verlauf der Argumentation.
c) Wer von beiden hat deiner Meinung nach die besseren Argumente?

✂

„Bruno, im Leben müssen wir manchmal Dinge tun, die wir uns nicht aussuchen können. Das ist meine Arbeit, wichtige Arbeit. Wichtig für unser Land. Wichtig für den Furor. Eines Tages wirst du das verstehen.“	„Jetzt mach mal halblang. Ein Zuhause ist kein Gebäude oder eine Straße oder eine Stadt oder etwas Künstliches aus Backsteinen und Mörtel. Ein Zuhause ist da, wo man seine Familie hat, nicht wahr?“
„Hast du bei deiner Arbeit etwas Schlimmes gemacht? Der Furor hätte dich wohl kaum an so einen Ort geschickt, wenn du nicht etwas getan hättest, wofür er dich bestrafen will. Deshalb solltest du dich bei ihm entschuldigen.“	„Ja, Bruno, sie sind in Berlin. Aber in unserer Familie sind du und ich und Mutter und Gretel die wichtigsten Personen. Und wir leben jetzt hier. In Aus-Wisch. Jetzt mach nicht so ein unglückliches Gesicht! Du hast es noch gar nicht versucht. Vielleicht gefällt es dir hier.“
„Aber Großvater und Großmutter sind in Berlin. Sie gehören auch zu unserer Familie. Also kann das nicht unser Zuhause sein.“	„Meinst du, mein Leben wäre so erfolgreich, wenn ich nicht gelernt hätte, wann ich streiten oder wann ich den Mund halten und Befehlen gehorchen soll?“
„Mir gefällt es hier nicht. Meine Freunde sind nicht da: Außerdem sind keine anderen Häuser in der Nähe, keine Cafés mit Tischen draußen.“	„Ich frage mich, ob du sehr mutig bist oder einfach nur respektlos. Aber jetzt bist du still. Du musst es akzeptieren.“
„Wann können wir wieder nach Berlin zurück? Dort ist es viel schöner.“	

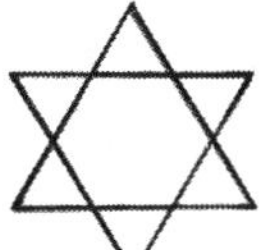

Die Rassenideologie der Nationalsozialisten

„Wer sind die vielen Leute dort draußen?" – „Das sind eigentlich gar keine Menschen, [...] jedenfalls nicht in dem Sinn, wie wir den Begriff verstehen. [...] Aber über die solltest du dir wirklich keine Sorgen machen. Sie haben nichts mit dir zu tun. Du hast absolut nichts mit ihnen gemein." (S. 69 f.)

1. Lies den Text. Markiere farbig, was dir besonders wichtig erscheint.

Die Rassenideologie der Nationalsozialisten gründete sich auf ein bereits Mitte des 19. Jahrhunderts weitverbreitetes, pseudowissenschaftliches Gedankengut: Neben der Tier- und Pflanzenwelt wurden auch die Menschen in verschiedene „Rassen" eingeteilt. Äußeren Merkmalen wie Hautfarbe, Schädelgröße oder Nasenform wurden Charaktereigenschaften zugeschrieben. Mit dieser „Erkenntnis" wies man den verschiedenen „Rassen" eine unterschiedliche Wertigkeit zu.

Der Franzose Joseph Arthur Comte de Gobineau (1816–1882) gilt als Erfinder der „arischen Herrenrasse" und Begründer der modernen Rassenlehre bzw. als theoretischer Vordenker des modernen Rassismus. Er vertrat die Ansicht, dass es verschiedenwertige menschliche Rassen gebe. Zu den höheren zählte er die weiße, zu den niederen die schwarze (in Afrika beheimatet) und die gelbe Rasse (in Asien beheimatet). Er prophezeite, dass die Vermischung unterschiedlicher Rassen unweigerlich zum Niedergang der Menschheit führen würde.

Das rassistische Denken der Nationalsozialisten bediente sich neben den Ansichten Gobineaus auch der Evolutionslehre des britischen Naturwissenschaftlers Charles Darwin (1809–1882). Seine Theorie von der natürlichen Selektion und Evolution im Tierreich wurde als sogenannter Sozialdarwinismus auf die Menschheit übertragen. Die weiße Rasse sah man als die tüchtigste und hochwertigste an. Daraus folgte, dass die „Reinheit der Rasse" wichtig wurde und die Vermischung mit anderen Rassen zu vermeiden war.

Der englische Schriftsteller Houston Stewart Chamberlain (1855–1927) bezeichnete in seiner Rassentheorie die „Arier" – also alle hellhäutigen, nordischen Europäer – als Vertreter des Guten und die Juden als Vertreter des Bösen.

Diese verschiedenen Richtungen des menschenfeindlichen Rassismus des 19. Jahrhunderts wurden von den Nationalsozialisten aufgenommen und zu einer eigenständigen Rassenideologie zusammengesetzt.

Ähnlich wie bei Gobineau stand für die Nationalsozialisten die „nordische" oder „arische Rasse", zu der auch die Deutschen zählten, an der Spitze der Pyramide menschlicher Rassen. Sie galt als die überlegenste, die sogenannte „Herrenrasse", der in diesem Verständnis die Herrschaft über die Welt zustehe. Die „Herrenrasse" sollte sich nicht mit anderen Rassen vermischen, da ihr Wert dadurch beeinträchtigt würde. Dies nannte man „Rassenhygiene".

Besonders feindlich war die nationalsozialistische Ideologie gegenüber Juden eingestellt. Juden galten als absolute „Gegenrasse" zu den „Ariern", als Todfeinde, und standen damit in der Rangordnung ganz unten. Man vertrat die Ansicht, dass alle den „Ariern" zugerechneten positiven Eigenschaften bei den Juden als Gegenteil ausgeprägt seien. So wurden „Arier" z. B. als ehrlich angesehen, Juden hingegen als verschlagen und hinterlistig. Der Jude galt als Feind, den man bekämpfen müsse. Diese Einstellung nennt man Antisemitismus.

2. Autoritäre Regime wie der Nationalsozialismus erschaffen oft einfache Feindbilder. Warum? Diskutiert anhand des Textes.

Weißt du die Antwort?

Setze dich einem Mitschüler gegenüber. Falte das Blatt längs in der Mitte und halte es zwischen euch. Derjenige, der die Frage hat (weißes Feld), liest sie vor und beantwortet sie dann. Der andere überprüft die Antwort anhand seiner Lösung und korrigiert gegebenenfalls.

Brunos Familie gehört zur gehobenen Schicht. Man erkennt es daran, dass sie ein großes Haus in einer schönen Umgebung bewohnen.	Zu welcher sozialen Schicht gehört Brunos Familie? Woran erkennt man das?
In welcher Stadt wohnt Bruno zu Beginn des Buchs? Wohin zieht er?	*Bruno wohnt anfangs in Berlin und zieht dann nach „Aus-Wisch“. (Damit ist Auschwitz in Polen gemeint.)*
Der Vater der Familie ist vom „Furor“ befördert worden, um eine wichtige berufliche Aufgabe zu erfüllen, die der Vorgänger nicht gemeistert hat.	Warum zieht die Familie um?
Wie ist der Erziehungsstil von Brunos Eltern?	*Der Erziehungsstil des Vaters ist streng und autoritär. Er hat das Sagen. Die Mutter hat klare Prinzipien und Regeln, die sie auch einfordert. Sie geht mit Bruno liebevoller um als der Vater.*
Zum Büro des Vaters ist der Zutritt jederzeit und ausnahmslos verboten. Der Grund wird nicht genannt, hier kann man nur vermuten (evtl. geheime Unterlagen oder Ähnliches).	Welches Zimmer darf Bruno im alten und neuen Haus auf keinen Fall betreten? Warum?
Wie alt sind Bruno und seine Schwester Gretel?	*Bruno ist 9 Jahre alt. Gretel ist 12 Jahre alt.*
Er blickt auf ein Konzentrationslager: eingezäuntes Gelände, Baracken, Gebäude, Schornsteine, Männer und Jungen in gestreifter Bekleidung, Soldaten.	Worauf blickt Bruno, wenn er aus dem Fenster seines neuen Zimmers sieht?
Wie wirkt der junge Soldat, der am ersten Tag plötzlich aus dem Schlafzimmer der Eltern kommt, auf Bruno?	*Er wirkt sehr ernst und geschäftig und mustert Bruno von oben bis unten, spricht aber nicht mit ihm. Bruno mag ihn von Anfang an nicht.*
Man darf niemandem ins Wort fallen. Oder: Man soll immer ehrlich sein.	Nenne eine der Höflichkeitsregeln, auf die Brunos Mutter großen Wert legt.
Wie ist die Beziehung zwischen Brunos Eltern?	*Die Mutter nennt ihren Mann „einen gewissen Jemand“, was große Distanz zum Ausdruck bringt. Er trifft allein Entscheidungen wie den Umzug, die sie zu akzeptieren hat.*

6. bis 9. Kapitel: Die schreckliche neue Umgebung

Inhalt

(6) Aus Mangel an anderen Gesprächspartnern kommt es zwischen Bruno und Maria, dem Dienstmädchen, zu einer Unterhaltung. Bruno klagt ihr seine Unzufriedenheit über das neue Zuhause und bezeichnet seinen Vater in diesem Zusammenhang als dumm. Maria ist entsetzt und erzählt ihm, dass sie seinem Vater viel zu verdanken habe, weil er sowohl für ihre Mutter im Alter gesorgt als auch ihr selbst diese Stelle gegeben habe. Sie bezeichnet ihn als einen gutherzigen Mann. Allerdings deutet sie an, dass sie über eine Sache verwundert ist. Sie schärft Bruno ein, sich mit seinen abfälligen Äußerungen zurückzuhalten, um niemanden in Gefahr zu bringen.

(7) Bruno möchte sich aus einem Reifen eine Schaukel bauen. Er bittet Oberleutnant Kotler, einen jungen Soldaten, ihm zu sagen, wo er einen finden könne. In dem Moment kommt Pavel, ein Lagerhäftling, vorbei, der nachmittags in der Küche im Wohnhaus arbeitet und abends am Tisch serviert. Er erhält den Auftrag, Bruno einen Reifen zu besorgen. Bruno widern das respektlose Verhalten und der abfällige Befehlston des jungen Soldaten dem älteren Mann gegenüber an.

Als Bruno später von seiner selbst gebauten Schaukel fällt und sich am Knie verletzt, verarztet ihn Pavel fachmännisch. Bruno erfährt, dass Pavel eigentlich Arzt ist. Er kann nicht verstehen, dass dieser jetzt in der Küche arbeitet und Essen serviert. Als er genauer nachfragt, bekommt er keine klare Antwort, da das Gespräch vom Erscheinen der Mutter unterbrochen wird. Sie schickt Bruno sofort auf sein Zimmer, nachdem sie erfahren hat, was passiert ist. Beim Hinausgehen hört er, wie seine Mutter zu Pavel sagt, dass gegenüber dem Kommandanten behauptet werden solle, sie habe Bruno verarztet. Bruno wertet dies als eigennütziges Verhalten.

(8) Dieses Kapitel beinhaltet Brunos Erinnerung an das letzte Weihnachtsfest. Es werden die unterschiedlichen Haltungen der Großeltern zur beruflichen Beförderung und ideologischen Einstellung ihres Sohns gezeigt. Der Großvater ist stolz auf Brunos Vater und beeindruckt von seiner neuen Uniform. Brunos Großmutter hingegen äußert sich verächtlich darüber und schämt sich für ihren Sohn. Es wird außerdem deutlich, wie sehr Bruno seine Großeltern vermisst, vor allem seine Großmutter, die im familiären Kreis immer wieder vorsang und mit den Kindern Theaterstücke aufführte.

(9) Das Leben in Auschwitz und die damit verbundene Tristesse und Langeweile ändert sich für Bruno, als ein Hauslehrer, Herr Liszt, engagiert wird, der die Kinder vor allem in Geschichte und Erdkunde unterrichtet.

Bruno wird bewusst, dass er seiner Lieblingsbeschäftigung, dem Forschen, auch in Auschwitz ohne seine Freunde nachgehen kann. Nachdem ihm vieles an seiner Umgebung immer noch unklar ist, beschließt er herauszufinden, wohin der endlose Zaun führt. Er ignoriert damit das Verbot der Eltern, das jegliches Forschen an diesem Ort untersagt. Als Erstes untersucht er die „Bank mit dem Schild“, die anlässlich der Eröffnung des Lagers gestiftet worden ist.

Unterrichtsschwerpunkte

- Einstellungen zu Brunos Vater
- Brunos Alltag in Auschwitz
- Brunos Wahrnehmung seiner Umwelt
- außergewöhnliche Erzählperspektive des Romans

Zu den Kopiervorlagen

Das neue Leben nimmt seinen Lauf
Anhand der Aufgaben wird in unterschiedlichen Schwierigkeitsgraden das Leseverständnis zum 6. bis 9. Kapitel überprüft. Greifen Sie bei der Besprechung von Aufgabe 3 c) und d) noch einmal die Rassenideologie der Nationalsozialisten auf (siehe S. 13) und erläutern Sie dabei den Entzug der Approbation für jüdische Ärzte im Nationalsozialismus.

Lösung
Aufgabe 1:
a) 1943, b) Arzt, c) Geschichte und Erdkunde

Aufgabe 2:
z.B. a) Das Dienstmädchen bezeichnet Brunos Vater als guten Menschen, weil er ihrer Mutter geholfen und ihr selbst Arbeit sowie ein Dach über dem Kopf gegeben hat.
b) Oberleutnant Kotler wirkt auf mich unsympathisch, weil er Bruno nicht ernst nimmt und Pavel herablassend behandelt.
c) Das letzte Weihnachtsfest war für Brunos Familie anders, weil Großmutter nach einem Streit aus dem Haus stürmte, ohne sich zu verabschieden. (Oder: weil Brunos Vater zum ersten Mal seine neue Uniform trug.)
d) Bruno beginnt wieder zu forschen, um herauszufinden, was sich hinter dem Zaun verbirgt und was es mit dem Lager auf sich hat.

Aufgabe 3:
z. B. a) Brunos Großmutter dachte sich für jedes Weihnachts- und Geburtstagsfest ein Theaterstück aus, das sie mit den Kindern innerhalb der Familie aufführte.
b) Gretel himmelt Kotler an.
c) Pavel ist ein jüdischer Lagerhäftling, der in den Augen des Soldaten kein Mensch ist und keinerlei Respekt verdient.
d) Sie möchte verheimlichen, dass Pavel Bruno verarztet hat. Brunos Vater würde Pavel vermutlich bestrafen, da er als überzeugter Nationalsozialist nicht möchte, dass ein Jude sich um seinen Sohn kümmert.

KV Seite 21

Das Dienstmädchen Maria
Das Dienstmädchen Maria, dessen Nähe Bruno immer wieder sucht, rückt mit dieser Kopiervorlage in den Fokus. Die Schüler werden sich anhand dreier Zitate zunächst klar, welches Verhalten Maria in ihrer gegenwärtigen Situation für sinnvoll hält und Bruno rät. Als Hilfestellung dient ein Wortspeicher. Lassen Sie die Jugendlichen ihre Antworten begründen. In Aufgabe 2 suchen die Schüler Beispiele für Marias Angst, die die Ursache ihrer Haltung darstellt. Die Schüler verfassen abschließend einen kurzen Text, in dem dieser Zusammenhang zum Ausdruck kommt. Maria steht mit dieser Haltung stellvertretend für viele deutsche Bürger im Dritten Reich.

Lösung
Aufgabe 1:
a) Kontakt meiden
b) im Hintergrund bleiben, abwarten
c) schweigen, keine Kritik äußern

Aufgabe 2:
z. B. Angst vor dem übereifrigen Nazi Kotler
Angst, ihren Job zu verlieren
Angst, etwas Falsches zu sagen
Angst, wegen ihrer politischen Meinung verfolgt zu werden

Aufgabe 3:
z. B. Maria steht dem Regime kritisch gegenüber, denn sie kann einordnen, was um sie herum geschieht. Sie hält aber still, weil sie Angst hat, ihre Stelle zu verlieren oder bei freier Meinungsäußerung bestraft zu werden.

Fragen, doch keine Antworten
Diese Kopiervorlage geht dem Problem auf den Grund, warum Bruno trotz seiner Fragen so wenig über seine neue Umgebung, vor allem über das Konzentrationslager und die Häftlinge, erfährt. Dabei sammeln die Schüler zunächst mithilfe des Buchs die Antworten auf Brunos Fragen und recherchieren den Kontext, um anschließend Schlussfolgerungen ziehen zu können.

Ggf. entsteht mit dieser Kopiervorlage auch eine kritische Diskussion darüber, ob für den neunjährigen Bruno und Sohn des Lagerkommandanten die Antworten und die Vorgänge um ihn herum wirklich so unverständlich sein können – eine spannende Frage, die sich zahlreiche Rezensenten zu diesem Buch stellen. Sie können auch folgenden Interpretationsansatz in den Raum stellen: Will Bruno die Zusammenhänge zum Teil nicht verstehen? Bewahrt er sich seine Naivität als Schutzschild?

Mögliche Lösung
Aufgabe 1:

Antwort	Warum hilft Bruno die Antwort nicht weiter?
„Das […] sind eigentlich gar keine Menschen, Bruno. [J]edenfalls nicht in dem Sinn, wie wir den Begriff verstehen."	Bruno versteht die Antwort mit der Anspielung auf die Rassenideologie nicht. (Das Gespräch erlaubt aber kein weiteres Nachfragen.)
„Nein. […] Ist dir nicht klar, dass du uns damit viel Ärger einhandeln kannst?"	Marias Angst auf seine Frage hin schüchtert Bruno ein, er fragt nicht weiter nach.
„Du musst wissen, wenn ein Mensch nachts in den Himmel schaut, heißt das noch lange nicht, dass er Astronom ist."	Bruno versteht Pavels Antwort mit der bildhaften Sprache nicht.
„Bevor ich hierher kam, hatte ich eine Arztpraxis."	Bruno versteht den Begriff „Arztpraxis" nicht. Zudem ist es keine konkrete Antwort auf Brunos Frage. (Im Anschluss folgt ein abrupter Themenwechsel.)
„Ich glaube, ich war schon immer hier."	Bruno ist verunsichert, weil Pavel das, was er gesagt hat, anders meint. (Das Gespräch wird kurz darauf unterbrochen.)

Aufgabe 2:
Die Erwachsenen sprechen für Bruno in Rätseln, weil sie ihm die Zusammenhänge, die für sie klar sind, nicht kindgerecht erklären wollen oder können. Hinzu kommt, dass Bruno oft daran gehindert wird, weiter nachzufragen.

Aufgabe 3:
- gezielter nachfragen, wenn die Zusammenhänge nicht klar oder Begriffe unklar sind
- sich nicht mit Floskeln abspeisen lassen
- mehr Zeit für Gespräche einfordern
- mehrere Erwachsene mit der gleichen Frage konfrontieren

KV Seite 23

Brunos Großeltern
Anhand der ausgewählten Textzitate erarbeiten die Schüler die unterschiedliche Einstellung der Großeltern zur Karriere ihres Sohnes und damit zum herrschenden nationalsozialistischen Regime.

In Aufgabe 4 notieren die Schüler Fragen, die sich für sie aus den Aussagen der Großeltern ergeben. Unter Umständen fehlt hier geschichtliches Hintergrundwissen zum vollen Verständnis und die Schüler sind auf eine Hilfestellung von Ihnen angewiesen. Besprechen Sie abschließend im Plenum die Rechercheergebnisse.

Lösung
Aufgabe 1:
Großmutter: grau / Großvater: weiß

Aufgabe 2:
Sie beziehen sich auf die Beförderung von Brunos Vater zum (Lager-)Kommandanten.

Aufgabe 3:
z. B. Der Großvater ist stolz auf Brunos Vater und seine Karriere. Die Großmutter ist entsetzt über seine neue Position im Dienst des NS-Regimes und vergleicht ihn mit einer Marionette.

Aufgabe 4:
Von welchem Unrecht spricht der Großvater? Deutschland wurde nach dem Ersten Weltkrieg im Versailler Vertrag die alleinige Kriegsschuld zugeschrieben, was u. a. erhebliche Reparationszahlungen und Gebietsabtretungen zur Folge hatte. Die Nationalsozialisten nutzten die Scham, die die deutsche Bevölkerung darüber empfand, für ihre Propaganda aus und stellten die Forderungen als illegitim dar.

Welche schrecklichen, schmutzigen Dinge erledigen die Soldaten? Damit meint die Großmutter vermutlich vor allem die systematische Ermordung der Juden im Dritten Reich, speziell im KZ Auschwitz.

Interpretationen eines Neunjährigen
Diese Kopiervorlage beschäftigt sich mit der Frage, warum Bruno so wenig von der Situation und den Vorgängen um ihn herum versteht, obwohl er den Nationalsozialismus von seiner menschenverachtendsten Seite direkt vor Augen hat. Hierbei steht das kindlich-naive Verständnis des neunjährigen Bruno im Fokus. Für die Schüler dürfte es beim bisherigen Lesen des Buchs an manchen Stellen unverständlich gewesen sein, dass Bruno nicht klar ist, was um ihn herum passiert. Nimmt man aber genauer unter die Lupe, was ihm gesagt wird und was er versteht, so wird seine Naivität für den jugendlichen Leser besser nachvollziehbar. Fast schon amüsant liest sich der Dialog zwischen Bruno und dem nationalsozialistischen Lehrer Liszt. Er bietet die Möglichkeit herauszuarbeiten, was der Lehrer meint und was Bruno versteht.

Des Weiteren verdeutlicht die Kopiervorlage die sprachliche Neubesetzung von Begrifflichkeiten im Sinne der NS-Ideologie. Das Begriffsverständnis des Lehrers bietet hier aussagekräftige Beispiele.

Lösung
Aufgabe 1:

Begriffe	Verständnis des Lehrers	Brunos Interpretation
„deine Geschichte“	Abstammung der Familie (auch im Sinne der Rassenideologie)	seine Lebensgeschichte beginnend mit der Geburt
„Vaterland“	Deutschland	Grundbesitz seines Vaters

„großes Unrecht“	Auflagen der Siegermächte nach dem Ersten Weltkrieg, Alleinverantwortung Deutschlands (und seiner Verbündeten) für die entstandenen Schäden (Versailler Vertrag)	persönlich erlittenes Unrecht, dass die Familie gezwungen wurde, nach „Aus-Wisch“ zu ziehen

Aufgabe 2:
Bruno versteht die Aussagen seines Lehrers falsch, weil er jeweils von der wörtlichen Bedeutung ausgeht. Doch Liszt verwendet einzelne Wörter im Sinn der NS-Ideologie, die eine Umwertung und Neubesetzung zahlreicher Begriffe vorgenommen hat. Dadurch ergibt sich ein anderer Sinn. Der erst neunjährige Bruno durchschaut dies nicht.

KV Seite 25

Die Erzählperspektive

Anhand des Arbeitsblattes setzen sich die Schüler vertiefend mit der Erzählperspektive des Romans und vor allem der kindlich-naiven Sichtweise Brunos auseinander. Zunächst werden die beiden im Roman verwendeten Erzählperspektiven erklärt. Aufgabe 2 stellt eine weiterführende Analyse des personalen Erzählers der Lektüre dar. Die abgedruckte Lösung bietet eine Diskussionsgrundlage. Trifft Bruno mit seiner naiven Beschreibung nicht oftmals genau den Kern der Sache? Schwingt dahinter eine tiefere Wahrheit mit? Anschließend formulieren die Schüler den Textauszug in die auktoriale Perspektive um. In dieser allwissenden Erzählhaltung verwenden die Jugendlichen ihr geschichtliches Hintergrundwissen.

Im Anschluss bieten sich weiterführende Fragestellungen an:

- Gehen Sie auf die dritte zentrale Möglichkeit der Erzählperspektive, den Ich-Erzähler, ein. Warum wird der Roman aus Brunos personaler Perspektive – und somit in der Er-Form – und nicht aus seiner Ich-Perspektive erzählt?
- Einzelne Passagen der personalen Perspektive in Kapitel 1 bis 19 changieren in ihrer Erzählhaltung. Der Blick aus Brunos Fenster (S. 43–45) wechselt in die personale Erzählperspektive Gretels, ein Absatz in Kapitel 18 („Schmuel biss sich auf die Lippe […] einfühlsam und gut war.“, S. 242) in die von Schmuel. Machen Sie die Schüler auf diese Stellen aufmerksam. Wie wirken diese Wechsel? Welche Funktion ist denkbar?
- Die auktoriale Erzählinstanz im letzten Kapitel trägt immer noch Brunos „Spuren“: Es wird z.B. weiterhin von „Mutter“ und „Vater“ als Namen gesprochen und Auschwitz heißt weiterhin „Aus-Wisch“. Die Erzählinstanz scheint eine Art „auktorialer Bruno“ zu sein.

Mögliche Lösung
Aufgabe 2:
Man hätte meinen können, es handle sich um eine in sich geschlossene Stadt, in der Leute zusammen lebten und arbeiteten, eine Stadt, die neben dem Haus lag, in dem er wohnte. Aber waren die Leute wirklich so anders? Alle Bewohner in dem Lager trugen die gleichen Sachen, jene gestreiften Anzüge und die dazu passenden gestreiften Stoffmützen; und alle, die durch sein Haus gingen, trugen Uniformen von unterschiedlicher Qualität und Ausführung, dazu Mützen oder Helme und leuchtend rot-schwarze Armbinden, und sie hatten Gewehre bei sich und sahen immer furchtbar streng aus, als wäre alles sehr wichtig, und das sollte bloß jedem klar sein. […]
Natürlich vermischten sich die beiden Gruppen manchmal. Schon oft hatte er die Leute von seiner Seite des Zauns auf der anderen Seite des Zauns gesehen, und bei genauerem Hinsehen wurde deutlich, dass sie das Kommando führten. Sobald die Soldaten sich näherten, nahmen die Leute in den gestreiften Anzügen Habachtstellung an und fielen dann oft zu Boden, standen manchmal gar nicht mehr auf und mussten weggetragen werden.

Aufgabe 3:
Bruno hielt das KZ für eine in sich geschlossene Stadt, in der die Häftlinge zusammen lebten und arbeiteten. Er verstand nicht, warum die jüdischen Häftlinge anders sein sollten. Denn die gestreifte Lagerkleidung mit den Stoffmützen kam Bruno wie eine Art „Uniform“ vor, wie sie auch die Soldaten trugen, die jeden Tag durch sein Haus gingen.
Die Überwachung der KZ-Häftlinge hielt Bruno für einen Besuch der Soldaten im KZ. Dass die Soldaten die Häftlinge als Schikane zum Appell riefen und einzelne willkürlich erschossen, sodass die Toten anschließend weggetragen werden mussten, kam ihm wie ein Spiel zwischen den beiden Gruppen vor.

Aufgabe 4:
Der Leser ist durch die personale Erzählperspektive näher am Geschehen als durch die auktoriale. Die kindlich-naive Sicht beschreibt die Zustände im Dritten Reich und vor allem die Grausamkeit des Holocaust ganz unvoreingenommen. In Verbindung mit dem historischen Hintergrundwissen des Lesers erscheinen die Ereignisse dadurch umso drastischer und machen den Leser umso betroffener.

Gesprächs- und Schreibanlässe

Maria äußert sich über Brunos Vater

Im 6. Kapitel erfährt der Leser, dass das Dienstmädchen Brunos Vater schon recht lange kennt, denn ihre Mutter arbeitete als Garderobiere bei Brunos Großmutter. Maria hält sehr viel von Brunos Vater, weil er ihr Arbeit verschafft und ihre Mutter im Alter finanziell unterstützt hat. Trotzdem äußert sie auch Verwunderung über ihn: „Im Grunde hat er ein gutes Herz, wirklich, und deshalb wundert es mich …", „Wundert mich, dass … wie er nur …" (S. 81). Was meint sie damit? Was hätte sie vielleicht noch über Brunos Vater gesagt, wäre Gretel in diesem Moment nicht ins Zimmer gestürmt? Sprecht darüber.

Umgang mit Maria

Gretel und Bruno gehen unterschiedlich mit dem Dienstmädchen Maria um. Klärt in einem Klassengespräch, worin der Unterschied besteht und welche Ursachen das haben könnte.

Marias Tagebucheintrag

Im Gegensatz zu Bruno weiß Maria sehr wohl, wo sie mit der Familie gelandet ist und welche berufliche Aufgabe Brunos Vater übernommen hat. Sie hat zwar niemanden, mit dem sie darüber sprechen kann, führt aber regelmäßig Tagebuch. Was schreibt sie ein bis zwei Wochen nach ihrer Ankunft hinein? Wie fühlt sie sich an diesem Ort? Wie bewertet sie die Tatsache, dass sie mittlerweile für einen Lagerkommandanten und seine Familie arbeitet? Verfasse Marias Tagebucheintrag.

Ein Brief an die Großmutter

Am Ende des 8. Kapitels erfährt der Leser, dass Bruno seine Großmutter sehr vermisst und sich vor dem Umzug nicht einmal von ihr verabschieden konnte. Deshalb beschließt er, ihr in einem Brief all das zu schreiben, was ihn bedrückt, aber auch die neue Umgebung zu schildern. Lies auf Seite 119 f. nach, was Bruno seiner Großmutter schreibt. Versetze dich in Bruno hinein und schreibe diesen Brief. Bedenke, dass der Stil seinem Alter angepasst sein muss.

Kreativ aktiv

Warum steckt man Menschen in Uniformen?

In Auschwitz spielen Uniformen sowohl diesseits als auch jenseits des Zauns eine große Rolle.

Überlegt zunächst: Wo begegnen euch heute Menschen in Uniformen? Warum tragen Menschen überhaupt Uniformen? Was sind die Vor- bzw. Nachteile des Tragens von Uniformen?

Die nationalsozialistischen Soldaten trugen stolz ihre Uniformen, die Lagerhäftlinge wurden in ihre „Pyjamas" gesteckt. Worin besteht der Unterschied zwischen diesen beiden „Uniformen"? Denkt dabei z. B. an das verwendete Material, das Aussehen, die Zugehörigkeit, die diese verkörpern. Tragt eure Ergebnisse zusammen und gestaltet ein Plakat.

Das neue Leben nimmt seinen Lauf

1. Lies die folgenden Fragen zum 6. bis 9. Kapitel. Kreuze jeweils die richtige Antwort an.

a) In welchem Jahr spielt die Handlung?

- ☐ 1940
- ☐ 1943
- ☐ 1945

b) Welchen Beruf hat der Lagerhäftling Pavel?

- ☐ Kellner
- ☐ Arzt
- ☐ Küchengehilfe

c) Welche Unterrichtsfächer hält Lehrer Liszt für besonders wichtig?

- ☐ Literatur und Kunst
- ☐ Geschichte und Erdkunde
- ☐ Mathematik und Sport

2. Vervollständige die folgenden Satzanfänge.

a) Das Dienstmädchen bezeichnet Brunos Vater als guten Menschen, weil ____________________

____.

b) Oberleutnant Kotler wirkt auf mich ____________________, weil ____________________

____.

c) Das letzte Weihnachtsfest war für Brunos Familie anders, weil ____________________

____.

d) Bruno beginnt wieder zu forschen, um ____________________

____.

3. Beantworte die Fragen in ganzen Sätzen. Schreibe in dein Heft.

a) Inwiefern hat der Beruf von Brunos und Gretels Großmutter Auswirkungen auf ihre Enkelkinder?
b) Wie ist das Verhältnis zwischen Gretel und Oberleutnant Kotler?
c) Warum wird Pavel von Oberleutnant Kotler so respektlos behandelt?
d) Warum nimmt Brunos Mutter die Verarztung ihres Sohns für sich in Anspruch?

Das Dienstmädchen Maria

Das Dienstmädchen Maria begleitet die Familie nach Auschwitz. Anders als Bruno kann Maria das politische System und das, was sie in unmittelbarer Nähe sieht, einordnen.

1. Was soll Bruno nach Marias Rat tun? Ordne jeweils die Schlagwörter zu, die dir treffend erscheinen.

~~ausweichen~~ | keine Kritik äußern | protestieren | schweigen | Kontakt meiden | im Hintergrund bleiben | hinterfragen | abwarten

a) „Trotzdem würde ich mich an deiner Stelle von den Soldaten fernhalten." (S. 29)

ausweichen, ____________________

b) „Wir müssen alle dafür sorgen, dass uns nichts zustößt, bis das alles vorbei ist. [...] Was könnten wir sonst auch anderes tun?" (S. 84 f.)

____

c) „Ich darf nicht sagen, was ich denke?", wiederholte [Bruno]. „Nein", beharrte [Maria,] „[...] Ist dir nicht klar, dass du uns damit viel Ärger einhandeln kannst?" (S. 84)

____

2. Aus den drei Aussagen lässt sich Angst ablesen. Wovor könnte Maria Angst haben? Notiere stichwortartig Beispiele.

3. Wie ist Marias Einstellung zum nationalsozialistischen Regime? Schreibe in dein Heft.

Fragen, doch keine Antworten

Bruno versucht, seine neue Umgebung kennenzulernen. Er stellt zwar Fragen, aber die Antworten helfen ihm oft nicht weiter. Woran liegt das? Stellt Bruno die falschen Fragen?

1. Trage die Antworten auf Brunos Fragen in die Tabelle ein. Schreibe in die letzte Spalte, warum er mit den Antworten nichts anfangen kann.

Brunos Frage	Antwort	Warum hilft Bruno die Antwort nicht weiter?
Seite 69 Frage an den Vater: „Wer sind die vielen Leute dort draußen?“		
Seite 84 Frage an Maria: „Ich darf nicht sagen, was ich denke?“		
Seite 105 f. Frage an Pavel: „Aber du bist doch Kellner […]. Wie kannst du dann ein Arzt sein?“		
Seite 106 Frage an Pavel: „Wenn du Arzt bist, warum servierst du dann das Essen?“		
Seite 107 Frage an Pavel: „Wann bist du in Aus-Wisch angekommen?“		

2. Warum durchschaut Bruno seine neue Umgebung und die Vorgänge dort nicht? Formuliere in ganzen Sätzen eine Schlussfolgerung aus Aufgabe 1. Schreibe in dein Heft.

3. Welche Tipps würdest du Bruno geben, damit er Antworten erhält, mit denen er etwas anfangen kann?

Brunos Großeltern

Im 8. Kapitel lernt der Leser Brunos Großeltern näher kennen.

1. Lies die folgenden Aussagen der Großeltern. Ordne sie dem jeweiligen Sprecher zu, indem du die Aussagen der Großmutter und des Großvaters in unterschiedlichen Farben markierst.

Ich bin so stolz, dass man dir eine so verantwortungsvolle Position anvertraut. Du hilfst deinem Land, seinen Stolz zurückzugewinnen, nachdem man ihm dieses große Unrecht zugefügt hat. (S. 116 f.)

Ich frage mich, ob dich die vielen Auftritte, zu denen ich dich als Junge gedrängt habe, so weit gebracht haben. Dass du dich anziehst wie eine Marionette. (S. 115)

Ihr [Soldaten] zieht euch fein an und dann erledigt ihr schreckliche, schmutzige Dinge. Ich schäme mich. (S. 118)

Man muss sich nur ansehen, wen du in deinem Haus zum Essen empfängst. Da wird mir speiübel. Und wenn ich dich in dieser Uniform sehe, möchte ich mir am liebsten die Augen aus dem Kopf reißen! (S. 119)

Du stehst da in deiner Uniform [...], als würde sie dich zu etwas Besonderem machen. Offenbar kümmert es dich gar nicht, was sie eigentlich bedeutet. Wofür sie steht. (S. 116)

2. Benenne, auf welchen Anlass sich die Zitate beziehen.

____

3. Welche unterschiedlichen Ansichten werden in den Zitaten deutlich?

____

____

____

4. Verstehst du die historischen Anspielungen in den Zitaten? Notiere dir Fragen in deinem Heft und recherchiere in Geschichtsbüchern oder im Internet nach Antworten.

Interpretationen eines Neunjährigen

Bruno interpretiert die Dinge, die er sieht und hört, mit dem naiven Verständnis eines neunjährigen Jungen. Dies wird im Gespräch mit Lehrer Liszt auf Seite 124 f. deutlich.

1. Notiere in den jeweiligen Spalten, was der Lehrer bzw. Bruno unter den fettgedruckten Begriffen versteht.

Lehrer Liszt: „Was weißt du über **deine Geschichte**, junger Mann?“

Verständnis des Lehrers	Brunos Interpretation
______________________	______________________
______________________	______________________

Lehrer Liszt: „Was weißt du über das **Vaterland**?“

Verständnis des Lehrers	Brunos Interpretation
______________________	______________________
______________________	______________________

Lehrer Liszt: „Ich werde deine Gedanken auf andere Pfade lenken und dir mehr über deine Herkunft beibringen. Über das **große Unrecht**, das man dir angetan hat.“

Verständnis des Lehrers	Brunos Interpretation
______________________	______________________
______________________	______________________
______________________	______________________

2. Setze die Wörter richtig ein, um eine Schlussfolgerung aus Aufgabe 1 zu erhalten.

durchschaut | Neubesetzung | Bruno | NS-Ideologie | wörtlichen Bedeutung | Lehrers

______________ versteht die Aussagen seines ______________ falsch, weil er jeweils von der ______________________ ausgeht. Doch Liszt verwendet einzelne Wörter im Sinn der ______________________, die eine Umwertung und ______________________ zahlreicher Begriffe vorgenommen hat. Dadurch ergibt sich ein anderer Sinn. Der erst neunjährige Bruno ______________________ dies nicht.

Die Erzählperspektive

1. Lies zunächst die Informationen über die im Roman verwendeten Erzählperspektiven und markiere wichtige Schlagwörter farbig.

Man unterscheidet bei einem Prosatext zwischen Autor und Erzähler. Der Autor ist die Person, die die zugrunde liegende Geschichte erfindet und aufschreibt. Der Erzähler hingegen ist die Person, aus deren Perspektive die Geschichte erzählt wird.

Man unterscheidet zwischen zwei Grundformen, die beide im Roman vorkommen:

1. Die personale Erzählperspektive: Das Geschehen wird aus dem Blickwinkel einer Figur geschildert, dabei kommen die Gedanken und Gefühle dieser Figur zum Ausdruck.
→ Die Handlung wird aus der Perspektive des kindlichen, unbekümmerten, neunjährigen Bruno erzählt, der die Zusammenhänge und das, was er sieht, nicht richtig einordnen kann.

2. Die auktoriale Erzählperspektive: Der Erzähler überblickt das gesamte Geschehen sowie die Vergangenheit und Zukunft, kennt die Gedanken und Gefühle der Figuren, ist also allwissend. Er kommentiert und bewertet.
→ Das letzte Kapitel ist nicht mehr aus Brunos Sicht erzählt, sondern aus einer übergeordneten Perspektive, die Einblick gibt in die Gedanken und Gefühle von Brunos Eltern und Gretel.

2. Der Textauszug drückt aus, was Bruno im Lager beobachtet und wie er es zu erklären versucht. Markiere alle Passagen, die deutlich machen, dass Bruno nicht versteht, was er sieht.

Man hätte meinen können, es handle sich um eine in sich geschlossene Stadt, in der Leute zusammen lebten und arbeiteten, eine Stadt, die neben dem Haus lag, in dem er wohnte. Aber waren die Leute wirklich so anders? Alle Bewohner in dem Lager trugen die gleichen Sachen, jene gestreiften Anzüge und die dazu passenden gestreiften Stoffmützen; und alle, die durch sein Haus gingen, trugen Uniformen von unterschiedlicher Qualität und Ausführung, dazu Mützen oder Helme und leuchtend rot-schwarze Armbinden, und sie hatten Gewehre bei sich und sahen immer furchtbar streng aus, als wäre alles sehr wichtig, und das sollte bloß jedem klar sein. […]

Natürlich vermischten sich die beiden Gruppen manchmal. Schon oft hatte er die Leute von seiner Seite des Zauns auf der anderen Seite des Zauns gesehen, und bei genauerem Hinsehen wurde deutlich, dass sie das Kommando führten. Sobald die Soldaten sich näherten, nahmen die Leute in den gestreiften Anzügen Habachtstellung an und fielen dann oft zu Boden, standen manchmal gar nicht mehr auf und mussten weggetragen werden. (S. 127 f.)

3. Schreibe in deinem Heft den Romanauszug in die auktoriale Erzählperspektive um. Benutze dabei dein Hintergrundwissen zum Geschehen.

Bruno hielt das KZ für eine in sich geschlossene Stadt …

4. Lies beide Versionen noch einmal. Was bewirkt die kindlich-naive Sicht beim Leser? Schreibe in dein Heft.

10. bis 13. Kapitel: Bruno findet einen neuen Freund

Inhalt

(10) Als Bruno eine Stunde am Zaun entlanggelaufen ist und fast schon umkehren möchte, erblickt er auf der anderen Seite des Zauns einen Jungen, der einen gestreiften „Pyjama“ und eine Armbinde (mit Judenstern) trägt. Bruno setzt sich dem dünnen, unsagbar traurigen Jungen am Zaun gegenüber und beginnt ein Gespräch mit ihm. Er erfährt, dass er Schmuel heißt, aus Polen stammt und am gleichen Tag wie er geboren ist. Sie unterhalten sich und Bruno fragt ihn schließlich, warum auf der anderen Seite so viele Leute sind und was sie da machen.

(11) Als Einschub wird in einer Rückblende der Besuch des Führers („Furor“) bei der Familie in Berlin geschildert. Bei diesem Abendessen erfährt Brunos Vater (Bruno aber nicht), dass er Lagerkommandant im Konzentrationslager Auschwitz werden soll. Gretel und Bruno erhalten für den Besuch wichtige Grundregeln und dürfen nur kurz zur Begrüßung des hohen Gastes anwesend sein. Der „Furor“ macht auf Bruno einen sehr unsympathischen und unhöflichen Eindruck, wohingegen seine Begleiterin (Eva Braun) es versteht, mit den Kindern umzugehen.

(12) Schmuel erzählt Bruno von seinem Leben in Krakau und den zunehmenden Veränderungen für ihn und seine Familie (das Wort „Jude(n)“ fällt nicht), die sie schließlich nach Auschwitz führten. Bruno kann die Geschehnisse, die Schmuel ihm schildert, nicht richtig einordnen und findet sogar, dass dem Jungen fast das Gleiche passiert ist wie ihm selbst. Auf dem Heimweg beschließt Bruno, seiner Familie von der Begegnung mit Schmuel zunächst nichts zu erzählen.

(13) Bruno trifft sich mittlerweile jeden Nachmittag mit Schmuel am Zaun und berichtet ihm von Pavel, dessen Lebensgeschichte ihm Maria erzählt hat. In der Unterhaltung der beiden Jungen stellt Schmuel fest, dass Bruno keine Ahnung hat, was sich auf seiner Zaunseite abspielt.

Als Kotler mit Brunos Familie zu Abend isst, entsteht eine sehr angespannte Atmosphäre, da sich herausstellt, dass Kotlers Vater Deutschland 1938 verlassen hat. Pavel, der wie immer das Abendessen serviert und einen sehr geschwächten Eindruck macht, rutscht die Weinflasche aus der Hand und der Inhalt ergießt sich über Kotlers Oberschenkel. Dieser lässt seine Wut an Pavel aus. Kein Familienmitglied greift in das Geschehen ein, das nicht näher beschrieben wird, aber vom Leser erahnt werden kann. Bruno wird klar, dass man in Auschwitz besser nicht widerspricht, sondern schweigt.

Unterrichtsschwerpunkte

- Entstehen einer Freundschaft
- Vergleich Bruno und Schmuel
- Judenverfolgung im Dritten Reich
- Exilanten im Nationalsozialismus
- der Führer und seine Begleiterin

Zu den Kopiervorlagen

KV Seite 30

Die erste Begegnung
Die Schüler setzen sich mit der ersten Begegnung von Bruno und Schmuel auseinander: Zunächst bewerten sie, in welchem Maß die in Aufgabe 1 vorgegebenen Eigenschaften auf die Jungen zutreffen, und vergleichen die beiden miteinander. Damit nicht gedankenlos angekreuzt wird, begründen die Schüler anschließend in Aufgabe 2 selbst ausgewählte Eigenschaften mit genauer inhaltlicher Analyse des Textes. So entsteht anhand dieses ersten Gesprächs zwischen Bruno und Schmuel eine vergleichende Charakterisierung der beiden Jungen.

Setzen Sie als Einstieg evtl. das Hörbuch ein, weil es das Gespräch sehr authentisch wiedergibt (z. B. Schmuel mit seinem polnischen Akzent).

Mögliche Lösung
Aufgabe 1:

	Bruno				Schmuel			
	trifft nicht zu	trifft wenig zu	trifft zu	trifft voll zu	trifft nicht zu	trifft wenig zu	trifft zu	trifft voll zu
1. angeberisch/ prahlerisch	☐	☐	☐	☒	☐	☐	☒	☐
2. belehrend	☐	☐	☒	☐	☐	☐	☐	☒
3. freundschaftlich	☐	☐	☐	☒	☐	☐	☐	☒
4. gesprächig	☐	☐	☐	☒	☐	☐	☒	☐
5. kindlich	☐	☐	☒	☐	☐	☒	☐	☐
6. lustig/witzig	☐	☒	☐	☐	☒	☐	☐	☐
7. neugierig	☐	☐	☐	☒	☐	☐	☒	☐
8. schlau	☐	☒	☐	☐	☐	☐	☒	☐
9. taktvoll	☐	☐	☒	☐	☐	☐	☒	☐
10. unüberlegt	☐	☐	☒	☐	☐	☒	☐	☐
11. ehrlich	☐	☐	☒	☐	☐	☒	☐	☐
12. vermittelnd/ einlenkend	☐	☐	☐	☒	☐	☐	☒	☐
13. vorsichtig	☐	☐	☒	☐	☒	☐	☐	☐
14. glücklich	☐	☐	☒	☐	☒	☐	☐	☐
15. erstaunt	☐	☐	☐	☒	☐	☐	☒	☐

Aufgabe 2:

angeberisch / prahlerisch:

Bruno prahlt u. a. mit seiner „Forschungsreise“ zu Schmuel (S. 134 f.). Außerdem verhält er sich sehr angeberisch in Bezug auf sein altes Zuhause und seine Herkunft, z. B.: „In Berlin hatten wir ein großes Haus mit fünf Stockwerken [...]“ (S. 142).

Auch Schmuel gibt immer wieder, aber seltener als Bruno mit seiner Familie und seiner Heimat an: „Sie [meine Mutter] ist sehr klug.“ (S. 140), „ ‚Wo ich herkomme, ist es viel schöner als in Berlin‘, sagte Schmuel, der noch nie in Berlin gewesen war.“ (S. 143).

belehrend:

Bruno belehrt Schmuel u. a., wo Berlin liegt: „In Deutschland natürlich“ (S. 139). Insgeheim muss er sich aber eingestehen, dass er gar nicht so viel weiß (S. 142).

Schmuel hingegen hat mehr geografisches Wissen als Bruno und korrigiert ihn deshalb: „Aber hier ist Polen [...]. Und Dänemark ist sowohl von Polen wie von Deutschland ziemlich weit entfernt.“ (S. 141)

freundschaftlich:

Bruno und Schmuel gehen beide gleichermaßen offen aufeinander zu. Sie führen ein freundschaftliches Gespräch ohne jegliche Vorbehalte, z. B. über ihre jeweils füreinander unbekannten Namen (S. 136 f.).

gesprächig:

Bruno hält das Gespräch immer wieder am Laufen, indem er viele Fragen stellt (z. B. S. 138, 143). Er antwortet auf Fragen ausführlich, sodass ein Gespräch zustande kommt (z. B. S. 142).

Auch Schmuel antwortet ausführlich auf Fragen und stellt Gegenfragen (z. B. S. 140). Allerdings ist es überwiegend Bruno, der auch unaufgefordert viele Details von sich erzählt.

lustig / witzig:

Bruno muss nervös lachen, als Schmuel ihn fragt, ob er Polnisch spricht (S. 140).

Schmuel lacht während des Gesprächs kein einziges Mal. Bruno bemerkt, dass Schmuel ein sehr trauriger Junge ist (S. 135).

KV Seite 31

Zwei Lebenswege

Diese Kopiervorlage widmet sich den Lebenswegen der beiden Jungen. Zunächst tragen die Schüler die Veränderungen in Schmuels und Brunos Leben, die im 12. Kapitel geschildert werden, in die Tabelle ein. Bei dieser Gegenüberstellung kann man durchaus Brunos Meinung sein, dass ihnen fast das Gleiche passiert ist. Wenn man aber die Konsequenzen aus diesen Veränderungen miteinbezieht, wird deutlich, dass sich ihre Lebenswege stark unterscheiden. Vertiefend gehen die Schüler der Frage nach, warum Bruno die Veränderungen in Schmuels Leben „gar nicht so schlimm“ findet.

Lösung

Aufgabe 1:

	Schmuels Leben	Brunos Leben
1. Veränderung	Verpflichtendes Tragen einer Armbinde	Bemerken einer Armbinde bei seinem Vater
2. Veränderung	Wegzug von zu Hause	Wegzug von zu Hause
3. Veränderung	Zugfahrt nach „Aus-Wisch“	Zugfahrt nach „Aus-Wisch“

Aufgabe 2:

	Schmuels Leben	Brunos Leben
1. Veränderung	Schmuel muss die Armbinde mit dem Judenstern tragen. Sie dient seiner Kennzeichnung als rechtloser Jude.	Bruno muss keine Armbinde tragen, würde es aber gern. Sein Vater trägt eine Armbinde, die seine Macht symbolisiert.
2. Veränderung	Schmuel lebt mit seiner Familie in einem Getto, also nicht mehr in Freiheit. Seine Familie wird zum Wegzug gezwungen. Sie teilt sich mit einer anderen ein Zimmer, elf Personen sind in einem Raum zusammengepfercht.	Bruno wohnt in „Aus-Wisch“ zwar nicht mehr so feudal wie in Berlin, trotzdem hat seine Familie wieder ein Haus für sich allein. Er befindet sich nicht innerhalb eines abgeschlossenen Geländes. Sein Vater trifft mit dem Umzug eine freie Entscheidung für die Familie.

3. Veränderung	Die Zugfahrt nach Auschwitz ist schrecklich, weil sich in den Waggons zu viele Menschen befinden und es zu wenig Luft zum Atmen gibt. Die Mutter wird bei der Ankunft von der Familie getrennt, Schmuel lebt mit Vater und Bruder in einer Baracke.	Die Zugfahrt ist für Bruno behaglich. Kaum jemand befindet sich im Zug, es gibt viel Platz und frische Luft. Er lebt weiterhin mit allen Familienmitgliedern zusammen in einem Haus. Er muss sich zwar von seinen Großeltern und besten Freunden trennen, aber von keinem Elternteil.

Aufgabe 3:
z.B.

- Bruno kann sich das Ausmaß der Veränderungen für Schmuel aus seiner kindlichen Perspektive gar nicht vorstellen.
- Bruno zieht Parallelen zu sich selbst. Ihm geht es vergleichsweise gut, deshalb erscheinen ihm die vermeintlichen Parallelen bei Schmuel nicht schlimmer.
- Schmuel erzählt ihm nicht die ganze Wahrheit. Konkrete, übergeordnete Zusammenhänge (Juden – Nationalsozialisten, Arbeits- und Gefangenenlager usw.) werden von ihm nicht benannt.
- Bruno bewahrt sich seine Naivität als Schutzschild.

KV Seite 32

Judenverfolgung im Dritten Reich

Diese Kopiervorlage greift einzelne Stufen der Judenverfolgung im Dritten Reich auf und ergänzt damit, was Schmuel Bruno im 12. Kapitel von den Veränderungen in seinem Leben erzählt. Die Schüler recherchieren, wann welche antisemitischen Maßnahmen stattfanden. Klären Sie im Vorfeld ggf. unbekannte Begriffe wie „Boykott“, „Deportation“ oder „Pogrom“ (siehe auch „Im Klartext“, S. 40). In Aufgabe 2 bringen die Jugendlichen die Maßnahmen in die richtige Reihenfolge. Um einen Zusammenhang zum 12. Kapitel und Schmuels Leben herzustellen, markieren sie die Maßnahmen farbig, von denen Schmuel berichtet.

Lösung

Aufgabe 1 und 2:

1933 Boykott von jüdischen Geschäften, Anwaltskanzleien und Arztpraxen
1935 Erlass der Nürnberger Gesetze: u.a. Verbot von Eheschließungen zwischen jüdischen und nicht jüdischen Deutschen
1938 Endgültiger Entzug der Berufserlaubnis für jüdische Ärzte
1938 Reichspogromnacht (auch: Novemberpogrome oder „Reichskristallnacht“): Schändung von Synagogen, Plünderungen und Zerstörungen jüdischer Geschäfte
1939 Einführung der gelben Armbinde mit dem Judenstern in Polen
1940 Errichtung des Konzentrationslagers Auschwitz I
1941 Einrichtung einer jüdischen Siedlung (Getto) in Krakau
1942 Beginn der systematischen Ermordung der Juden
1942 Beginn der Massendeportation polnischer Juden aus den Gettos in Konzentrationslager

KV Seite 33

Deutsche gehen ins Exil

Die Kopiervorlage nimmt ausgehend von Kotlers Vater die Thematik der deutschen Exilanten während des Dritten Reichs in den Blick. Die Schüler beschaffen sich über das Internet Informationen zu den fett gedruckten Begriffen und tragen ihre Ergebnisse ein. Besprechen Sie die Recherche im Plenum.

Im Anschluss an die Bearbeitung bieten sich verschiedene Aspekte zur Vertiefung an:

- Stellen Sie den Bezug zur Lektüre her: Warum hat Kotlers Vater das Deutsche Reich verlassen? Warum spricht Brunos Vater beschönigend von „Diskrepanzen mit der Regierungspolitik“? Warum spricht er abwertend von „Verrätern und Feiglingen“?
- Hinterfragen Sie die Bedeutung der Professoren/Intellektuellen, die in Deutschland geblieben sind und sich in den Dienst der NS-Regierung gestellt haben.
- Greifen Sie das Thema „Schriftsteller im Dritten Reich“ auf (siehe Recherche, S. 29).

Mögliche Lösung

Aufgabe 1:

1938: neue, diskriminierende Gesetze und zunehmende Gewalt gegen Juden (u.a. Reichspogromnacht), verstärkte Auswanderung, erzwungener „Anschluss“ Österreichs und des Sudetenlands an das Deutsche Reich
Exil: (lat.) Verbannung(sort); Aufenthalt(sort) im Ausland aufgrund von Verbannung oder Verfolgung
Schweiz: neutrales Nachbarland, das sich nicht an bewaffneten Konflikten zwischen anderen Staaten beteiligte
Diskrepanzen mit der Regierungspolitik: (lat.) Unstimmigkeiten; beschönigender Ausdruck für die Ablehnung des NS-Regimes und seiner Ideologie

Verräter und Feiglinge: NS-Regimegegner, die in den Augen von Brunos Vater die nationalsozialistischen Ideen verraten haben und sich fürchten, sie zu verteidigen

Gesprächs- und Schreibanlässe

Stell dir vor, ich habe einen Freund gefunden!
Bruno ist so froh, beim Forschen einen neuen Freund gefunden zu haben, dass er sich entschließt, seiner Großmutter einen Brief zu schreiben und ihr von Schmuel zu erzählen. Schreibe diesen Brief, in dem er seine Eindrücke von ihrer ersten Begegnung schildert.

Der Führer und seine Begleiterin
Der Führer und seine Begleiterin wirken auf Bruno völlig gegensätzlich. Woran liegt das? Finde es heraus, indem du das 11. Kapitel ab Seite 150 noch einmal intensiv liest und Informationen zu den beiden in eine Tabelle einträgst.

Keine andere Wahl?
„Später am Abend hörte Bruno Teile von Mutter und Vaters Unterhaltung mit. [...] Ihre Stimmen waren ungewöhnlich laut, aber Bruno konnte nur Bruchstücke verstehen" (S. 154). Überlege dir, wie die Mutter zum Angebot des Führers steht, wie der Vater und warum. Schreibe deine Überlegungen auf. Ergänze die Satzfetzen der Unterhaltung von Seite 154 f.

Unsere Familie in Auschwitz?
Nach dem Abendessen mit dem Führer kann Brunos Mutter nicht einschlafen. Zu viele Gedanken und Fragen schwirren ihr im Kopf herum. Schreibe diesen inneren Monolog.

Was passiert mit Pavel?
Was macht Kotler mit Pavel beim Abendessen? Der Autor umschreibt es, indem er Brunos und Gretels Reaktionen nennt. Was passiert mit Pavel deiner Meinung nach? Begründe deine Vermutung.

Kreativ aktiv

Wer ist eigentlich diese Eva?
Der Führer kommt nicht allein zum Abendessen zu Brunos Familie. Er hat eine Begleiterin namens Eva (Braun) dabei. Recherchiere, um wen es sich bei dieser Frau handelt, und finde heraus, in welcher Beziehung sie zu Adolf Hitler stand. Informationen findest du z.B. unter: *www.dhm.de/lemo/biografie/eva-braun.html*

Die aufgeladene Stimmung beim Abendessen
Die im 13. Kapitel geschilderte Situation beim Abendessen eignet sich sehr gut zur szenischen Umsetzung. Vorbereitend sollte der entsprechende Textabschnitt (S. 176–186) zu Hause gelesen werden. Bevor die Schüler mit der Planung der szenischen Umsetzung beginnen, klären Sie im Klassengespräch, was mit Pavel geschieht (siehe „Was passiert mit Pavel?", S. 29). Auch die Internetrecherche zum Thema „Deutsche gehen ins Exil" (S. 28) erleichtert den Schülern die Vorbereitung der szenischen Umsetzung.

Für das Rollenspiel werden sechs Gruppen gebildet, die sich jeweils mit einer Person beschäftigen: Bruno, Gretel, Vater, Mutter, Oberleutnant Kotler, Pavel. Kopieren Sie, um Zeit zu sparen, für die einzelnen Gruppen den entsprechenden Text aus dem Buch (S. 176–186). Markieren Sie mit zwei verschiedenen Farben, was die jeweilige Person sagt (Figurenrede) und welche begleitenden Informationen zu dieser Person gegeben werden (z.B. Pavel servierte das Essen, ging um den Tisch herum), ähnlich den Regieanweisungen in einem Drama.

In der Gruppenarbeit überlegen die Schüler gemeinsam, welche Gedanken ihrer Person während des Gesprächs beim Abendessen durch den Kopf gehen könnten. Manche Gedanken sind im Text schon erwähnt, können markiert und bei der szenischen Umsetzung verwendet werden. Die Schüler sollten aber auch eigene Ideen entwickeln und diese z.B. am Rand des kopierten Textes notieren.

Bei der szenischen Umsetzung sitzen Bruno, Gretel, Vater, Mutter und Oberleutnant Kotler um einen (gedeckten) Tisch. Pavel ist als Kellner anwesend. Hinter jeder dieser Personen steht ein weiterer Schüler, der im Laufe des Rollenspiels die Gedanken seiner Figur zum Ausdruck bringt. Die Schüler, die am Rollenspiel nicht aktiv beteiligt sind, formulieren anschließend ihre Eindrücke.

Recherche

Schriftsteller verlassen Nazi-Deutschland
Gehe in einer Recherche der Frage nach, welche bekannten deutschen Schriftsteller Nazi-Deutschland verlassen haben und welche Gründe sie dafür hatten. Stelle deine Erkenntnisse in einer kurzen Präsentation deinen Mitschülern vor.

Vorschlag: Teilen Sie Gruppen ein und geben Sie einige Persönlichkeiten vor, damit es bei den Präsentationen keine Überschneidungen gibt, z.B.: Thomas Mann, Heinrich Mann, Bertolt Brecht, Kurt Tucholsky, Anna Seghers, Lion Feuchtwanger.

Die erste Begegnung

Brunos „Forschungsreise“ hat sich gelohnt. Im 10. Kapitel stößt er am Zaun auf einen dünnen, traurigen Jungen namens Schmuel und beginnt ein Gespräch mit ihm.

1. Lies das Gespräch der beiden Jungen im Buch auf den Seiten 133 bis 144. Bewerte, inwiefern die folgenden Adjektive auf Bruno und Schmuel zutreffen. Kreuze an.

	trifft nicht zu	trifft wenig zu	trifft zu	trifft voll zu	trifft nicht zu	trifft wenig zu	trifft zu	trifft voll zu
1. angeberisch / prahlerisch	☐	☐	☐	☐	☐	☐	☐	☐
2. belehrend	☐	☐	☐	☐	☐	☐	☐	☐
3. freundschaftlich	☐	☐	☐	☐	☐	☐	☐	☐
4. gesprächig	☐	☐	☐	☐	☐	☐	☐	☐
5. kindlich	☐	☐	☐	☐	☐	☐	☐	☐
6. lustig / witzig	☐	☐	☐	☐	☐	☐	☐	☐
7. neugierig	☐	☐	☐	☐	☐	☐	☐	☐
8. schlau	☐	☐	☐	☐	☐	☐	☐	☐
9. taktvoll	☐	☐	☐	☐	☐	☐	☐	☐
10. unüberlegt	☐	☐	☐	☐	☐	☐	☐	☐
11. ehrlich	☐	☐	☐	☐	☐	☐	☐	☐
12. vermittelnd / einlenkend	☐	☐	☐	☐	☐	☐	☐	☐
13. vorsichtig	☐	☐	☐	☐	☐	☐	☐	☐
14. glücklich	☐	☐	☐	☐	☐	☐	☐	☐
15. erstaunt	☐	☐	☐	☐	☐	☐	☐	☐

2. Suche dir fünf Adjektive heraus und begründe deine Bewertung, indem du sie mit Zitaten aus dem Gespräch belegst. Schreibe in ganzen Sätzen in dein Heft.

Zwei Lebenswege

Schmuel erzählt Bruno von seinem Leben in Krakau und den Veränderungen, denen er in letzter Zeit ausgesetzt war. Bruno findet „das alles gar nicht so schlimm, zumal ihm fast das Gleiche passiert war“ (S. 162). Aber war ihm wirklich fast das Gleiche passiert?

1. Lies noch einmal den Beginn des 12. Kapitels (S. 156 – 162) und notiere stichwortartig die Veränderung in Schmuels Leben. Welche Parallelen zieht Bruno zu seinem Leben?

	Schmuels Leben	Brunos Leben
Ausgangssituation	Familienleben in Krakau	Familienleben in Berlin
1. Veränderung		
2. Veränderung		
3. Veränderung		

2. Hinterfrage Brunos Einschätzung. Beschreibe, welche Konsequenzen die Veränderungen für die Jungen haben. Übertrage die Tabelle in dein Heft und fülle sie aus.

	Schmuels Leben	Brunos Leben
1. Veränderung		
2. Veränderung		
3. Veränderung		

3. Warum findet Bruno die Veränderungen in Schmuels Leben „gar nicht so schlimm“? Diskutiert.

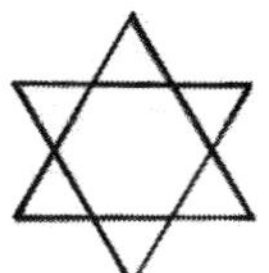

Judenverfolgung im Dritten Reich

Schmuel wurde als polnischer Jude zusammen mit seiner Familie Opfer der antisemitischen Politik, die die Nationalsozialisten stufenweise in die Tat umsetzten.

1. **Recherchiere im Internet, in Geschichtsbüchern oder in Lexika, wann die folgenden Maßnahmen gegen Juden stattfanden. Schreibe die Jahreszahlen auf die Linien.**

2. **Schneide die einzelnen Streifen aus und klebe sie in der richtigen zeitlichen Reihenfolge auf ein Blatt. Markiere die Maßnahmen farbig, von denen Schmuel erzählt.**

✂

________	Boykott von jüdischen Geschäften, Anwaltskanzleien und Arztpraxen
________	Einrichtung einer jüdischen Siedlung (Getto) in Krakau
________	Einführung der gelben Armbinde mit dem Judenstern in Polen
________	Reichspogromnacht (auch: Novemberpogrome oder „Reichskristallnacht“): Schändung von Synagogen, Plünderungen und Zerstörungen jüdischer Geschäfte
________	Beginn der Massendeportation polnischer Juden aus den Gettos in Konzentrationslager
________	Endgültiger Entzug der Berufserlaubnis für jüdische Ärzte
________	Errichtung des Konzentrationslagers Auschwitz I
________	Erlass der Nürnberger Gesetze: u. a. Verbot von Eheschließungen zwischen jüdischen und nicht jüdischen Deutschen
________	Beginn der systematischen Ermordung der Juden

Deutsche gehen ins Exil

Im 13. Kapitel erhält der Leser Informationen zu Kotlers Vater. Doch wie sind diese einzuordnen?

Nimm die fett gedruckten Wörter und die Jahreszahl genau unter die Lupe. Informiere dich anhand der vorgegebenen Fragen bzw. Anweisungen darüber im Internet.

Intellektueller, der die Absichten der Nazis durchschaut, weil er es gewohnt ist, mit Sprache sehr genau umzugehen und zwischen den Zeilen zu lesen. Viele deutsche Intellektuelle (nicht nur jüdischer Herkunft), die dem NS-Regime kritisch gegenüberstanden, flüchteten ins Ausland.

Was brachte dieses Jahr den Juden, Österreich und dem Sudetenland?

____

____

____

Definiere den Begriff.

____

____

____

____

Oberleutnant Kotlers Vater, ein **Literaturprofessor**, verließ **1938** Deutschland und ging ins **Exil** in die **Schweiz**. Brunos Vater vermutet dahinter **Diskrepanzen mit der Regierungspolitik** und bezeichnet solche Menschen als **Verräter und Feiglinge**.

Welche Bedeutung hatte die Schweiz für Nazigegner?

____

____

____

Erkläre diese Phrase. Was meint Brunos Vater hier beschönigend?

____

____

____

Wen meint Brunos Vater damit?

____

____

____

____

14. bis 17. Kapitel: Die seltsame Freundschaft

Inhalt

(14) Eines Tages verplappert sich Bruno im Gespräch mit Gretel und erwähnt Schmuel. Da sie nicht lockerlässt, erklärt Bruno, Schmuel sei sein imaginärer Freund. So kann er endlich jemandem von Schmuel erzählen, ohne seine geheimen Treffen mit ihm preisgeben zu müssen. Gretel ist äußerst irritiert.

(15) Als im Haus die Vorbereitungen für den Geburtstag von Brunos Vater laufen, trifft Bruno Schmuel überraschend in der Küche an, weil dieser im Auftrag von Kotler Gläser polieren soll. Bruno bietet Schmuel verbotenerweise etwas zu essen an. Da betritt Kotler unerwartet die Küche und bemerkt, dass Schmuel sich mit Bruno unterhalten und etwas gegessen hat. Schmuel verteidigt sich und bezeichnet Bruno als seinen Freund. Kotler droht ihm und will von Bruno Genaueres wissen. Doch dieser verleugnet seinen Freund aus Angst. Erst nach einer Woche trifft Bruno den übel zugerichteten Schmuel wieder am Zaun und bittet ihn um Verzeihung. Schmuel reicht ihm als Zeichen der Versöhnung die Hand unter dem Zaun hindurch.

(16) Bruno lebt nun schon fast ein Jahr in Auschwitz. Er findet es nicht mehr so schlimm dort, was hauptsächlich an seiner Freundschaft mit Schmuel liegt. Nach wie vor ist ihm allerdings nicht klar, warum es den Zaun zwischen dem Lager und dem Haus gibt. Er möchte endlich Klarheit und fragt Gretel. Sie erklärt ihm, dass jenseits des Zauns Juden leben, die von Nichtjuden nicht gemocht werden. Der Zaun verhindere, dass sich Juden und Nichtjuden vermischen. Es ist das erste Mal, dass Bruno das Wort „Jude" hört. Das Gespräch der beiden endet abrupt, weil Gretel bei sich und Bruno Kopfläuse entdeckt. Dies führt dazu, dass ihm seine Haare abrasiert werden. Nun sieht er Schmuel sehr ähnlich.

(17) Bruno belauscht ein Gespräch seiner Eltern, aus dem hervorgeht, dass Brunos Mutter mit den Kindern zurück nach Berlin möchte. Ein paar Wochen später teilt Brunos Vater den Kindern diese Entscheidung mit. Bruno kann sich aber nicht sehr darüber freuen, weil er seinen Freund Schmuel zurücklassen muss.

Unterrichtsschwerpunkte

- Freundschaft
- Annäherung an die Figur Kotler
- Gretels Halbwissen
- Wissenswertes über Haare

Zu den Kopiervorlagen

Wer sagt was?
Die Schüler ordnen zentrale Aussagen aus dem 14. bis 17. Kapitel den entsprechenden Figuren zu. So wird deutlich, ob sie diesen Buchabschnitt genau gelesen haben. Im zweiten, vertiefenden Schritt ergänzen die Jugendlichen die jeweilige Situation, in der die Aussage gemacht wurde.

Lösung
Aufgabe 1 und 2:
Schmuel: „Ich verstehe nicht, warum du so versessen darauf bist, hier herüberzukommen. Es ist nicht sehr schön." (S. 188) → Schmuel reagiert auf Brunos Idee, auf Schmuels Zaunseite zu kommen, um miteinander spielen zu können.

Gretel: „Ich finde, du solltest damit aufhören. [...] Weil es nicht gesund ist. Es ist das erste Anzeichen für Wahnsinn." (S. 197) → Gretel fordert Bruno auf, nicht mehr mit dem eingebildeten Freund, von dem er ihr erzählt hat, zu reden.
Kotler: „Es werden viele Leute da sein. Und, werden wir uns von unserer besten Seite zeigen?" (S. 205) → Oberleutnant Kotler schärft Bruno ein, sich am bevorstehenden Geburtstag des Vaters ordentlich zu benehmen.
Brunos Mutter: „Ach, Kurt, mein Teurer, du bist ja noch da!" (S. 205) → Brunos Mutter trifft Oberleutnant Kotler im Haus an.
Bruno: „Was um Himmels willen machst du da?" (S. 207) → Bruno ist überrascht, dass er Schmuel in der Küche antrifft.
Schmuel: „Ich darf nicht. Er kommt zurück, ich weiß es genau." (S. 210) → Schmuel lehnt das Hühnchen ab, das Bruno ihm anbietet, weil er Angst hat, Kotler könne jeden Moment auftauchen.
Schmuel: „Er ist mein Freund." (S. 213) → Schmuel erklärt auf Kotlers Frage hin, ob er das Hühnchen aus dem Kühlschrank gestohlen habe, dass Bruno sein Freund sei und es ihm gegeben habe.
Kotler: „Sag's mir, Bruno! Ein drittes Mal frage ich dich nicht." (S. 214) → Oberleutnant Kotler will von Bruno wissen, ob er Schmuel schon einmal gesehen hat.
Bruno: „Ich habe nicht mit ihm gesprochen. Ich habe ihn noch nie im Leben gesehen. Ich kenne ihn nicht." (S. 214) → Bruno verleugnet vor Kotler seinen Freund Schmuel.
Bruno: „Ich verstehe nicht, warum wir nicht auf die andere Seite dürfen. Was stimmt nicht mit uns, dass wir nicht

hinübergehen und dort spielen dürfen?" (S. 225) → Bruno fragt Gretel über die andere Seite des Zauns aus.
Gretel: „Wir sind das Gegenteil." (S. 227) → Damit beantwortet Gretel Brunos Frage danach, was sie im Vergleich zu Juden seien.
Brunos Vater: „Keine Angst. Das wächst wieder. Dauert nur ein paar Wochen." (S. 229) → Brunos Vater versucht Bruno zu trösten, nachdem er dessen Haare wegen der Läuse abrasiert hat.
Brunos Vater: „Man wird mir Fragen über die Einstellung zu meiner Arbeit hier stellen." (S. 232) → Brunos Vater reagiert auf den Wunsch seiner Frau, mit den Kindern zurück nach Berlin zu ziehen.
Brunos Vater: „Was weißt du von den Vorgängen dort drüben?" (S. 237) → Brunos Vater antwortet auf die Bemerkung seines Sohnes, dass auf der anderen Zaunseite Hunderte von Kindern sind.

KV Seite 40

Im Klartext

Diese Kopiervorlage beschäftigt sich mit Fachbegriffen, die in Zusammenhang mit der Judenverfolgung im Dritten Reich verwendet werden. Sollten die Schüler wenig Vorwissen haben, können sie nach den gesuchten Begriffen im Internet oder in Lexika recherchieren. Dafür eignen sich die folgenden Internetseiten:

- *www.judentum-projekt.de*
- *www.wissen.de/lexikonsuche-z*
- *www.hanisauland.de/lexikon* (identische Inhalte für höhere Jahrgangsstufen: *http://www.bpb.de/nachschlagen/*)

Mögliche Lösung

1. Antisemitismus: feindliche Haltung gegenüber Juden
2. Holocaust: Verfolgung und Massenmord an den Juden (und anderen Bevölkerungsgruppen) während des NS-Regimes
3. Schoah: hebräischer Begriff für den Völkermord an den Juden
4. Judenstern: Abzeichen, das von Juden sichtbar getragen werden musste
5. Gettoisierung: Zusammenfassen und Isolieren der Juden von den Nazis in abgegrenzten Wohnvierteln
6. Konzentrationslager: Gefängnisse, in denen Juden und NS-Regimegegner Zwangsarbeit leisten mussten und gefoltert und getötet wurden
7. Deportation: Abtransport der Juden in Arbeits- und Vernichtungslager
8. Selektion: Einteilung der Juden bei Ankunft in den Lagern nach Arbeitsfähigkeit (Nicht „arbeitsfähige" Juden wurden gefoltert, erschossen oder vergast. „Arbeitsfähige" Juden mussten harte Zwangsarbeit leisten.)
9. Pogrom: gewaltsame Ausschreitung gegen Juden
10. Vergasung: Methode der Nazis, um Juden in den Konzentrationslagern massenhaft zu ermorden

KV Seite 41

Was ist Freundschaft?

Diese Kopiervorlage bietet den Schülern die Möglichkeit, ihr eigenes Freundschaftsverständnis mit der Freundschaft zwischen Bruno und Schmuel zu vergleichen. Lassen Sie bei der Bewertung von Schmuels und Brunos Freundschaft in der Tabelle abweichende Lösungen zu, wenn die Jugendlichen ihre Meinung begründen können. Ggf. setzt auch der Blickwinkel andere Schwerpunkte für die Bewertung, z.B. wenn Brunos Vertrauensbruch aus Schmuels Perspektive als zentral eingeschätzt wird. In dem abschließenden Fazit in Aufgabe 2 erkennen die Schüler, dass die besonderen Umstände, in denen sich die beiden Jungen befinden, zu einer „besonderen" bzw. „seltsamen" Freundschaft führen.

Mögliche Lösung

Aufgabe 1:

Bruno und Schmuel	Merkmale von Freundschaft
+	die Lebenswelt des anderen verstehen
+++	viel Zeit miteinander verbringen
++	sich gegenseitig Sorgen und Probleme mitteilen
–	gemeinsame Hobbys haben
++	einander vertrauen, sich auf den anderen verlassen können
+	viel miteinander unternehmen
–	gemeinsam Abenteuer erleben
–	Ideen in die Tat umsetzen
–	die gleiche Herkunft haben
++	sich gegenseitig helfen
+	gleicher Meinung sein
–	sich schon lange kennen
++	füreinander da sein
+	sich Geheimnisse anvertrauen
–	einen ähnlichen familiären Hintergrund haben
+++	nicht allein sein
+	sich gegenseitig aufmuntern und Mut zusprechen
–	miteinander herzlich umgehen
–	viel lachen

Aufgabe 2:
Die Freundschaft zwischen Bruno und Schmuel unterscheidet sich von Freundschaften, wie ich sie kenne und erlebe. Obwohl auf die Beziehung zwischen den beiden Jungen – aufgrund ihrer Lebensumstände – nur wenige Merkmale einer Freundschaft zutreffen, braucht jeder den anderen auf seine Art und Weise. Ihr Leben in Auschwitz wäre trostloser und einsamer, wenn sie einander nicht kennen würden. Ihre Freundschaft besteht vor allem im Gespräch.

KV Seite 42

Wer ist Kurt Kotler?

Da im 15. Kapitel wiederholt zum Ausdruck kommt, dass Bruno Oberleutnant Kotler nicht ausstehen kann, bietet es sich an, diese Figur zu charakterisieren. Das sogenannte Placemat-Verfahren, das dem kooperativen Lernen entstammt, stellt dabei eine abwechslungsreiche Methode dar. Dazu werden zunächst Gruppen mit je vier Schülern gebildet. Jede Gruppe erhält ein Placemat (am besten auf DIN-A3-Format vergrößert), mit dem in den folgenden vier bzw. fünf Phasen gearbeitet wird.

- Phase 1 (Recherchieren und Schreiben): Jeder Schüler schreibt stichwortartig in sein Feld, was er unter den angegebenen Seiten im Buch zu Kotler findet.
- Phase 2 (Austausch und Ergänzung): Das Placemat wird auf dem Gruppentisch dreimal um je 90 Grad gedreht. Der Schüler liest jeweils die Notizen des Vorgängers und führt die Gedanken weiter oder ergänzt sie. Vorzugsweise geschieht dies mit einem andersfarbigen Stift, sodass sich Recherche und Schlussfolgerung farblich unterscheiden. Es findet kein mündlicher Austausch statt.
- Phase 3 (Teilen und Konsens finden): Die Stifte werden nun weggelegt. Das Placemat rotiert wieder dreimal um je eine Vierteldrehung und die Schüler lesen die Einträge in den vier Feldern. Danach diskutieren die Gruppenmitglieder über das Geschriebene und formulieren gemeinsam eine kurze Charakterisierung Kotlers, die sie ins mittlere Feld schreiben.
- Phase 4 (Präsentation): In der Vorstellungsphase werden die Ergebnisse jeder Gruppe der Klasse in einem Gallerywalk deutlich gemacht. Dafür werden die Placemats an verschiedenen Stellen im Klassenzimmer ausgehängt. Die Schüler laufen herum und lesen die Ergebnisse. Alternativ können die einzelnen kurzen Charakterisierungen vorgelesen werden.
- Phase 5 (optional): Ein abschließendes Klassengespräch, das die einzelnen Aspekte nochmals vertieft, kann folgen: z. B. Welche Bedeutung hat Kotler für den Roman? Wie ernst nimmt er seinen Beruf? Wie ist er innerhalb des nationalsozialistischen Regimes einzuordnen? Mit welchen Adjetiven kann man ihn treffend beschreiben?

Mögliche Lösung

Berufliche Tätigkeit / Erscheinungsbild:
- gleiche Uniform wie Brunos Vater, nur weniger Verzierungen (S. 27)
- Mütze stramm auf dem Kopf (S. 27)
- wirkt ernst, geschäftig und ungemein wichtig (S. 27 f.)
- blondes Haar (unnatürlicher Gelbton), an der Seite gescheitelt (S. 28)
- Oberleutnant, jung (S. 92)
- blitzende schwarze Stiefel (S. 92)
- im Dienst: elegante Erscheinung, viel Kölnischwasser (S. 92)
- in der Freizeit: weißes Unterhemd, schlaff in die Stirn hängendes Haar, wirkt wir ein älterer Junge (S. 93)
- muskulös (S. 93)

→Kotler ist Nationalsozialist, nimmt berufliche Tätigkeit sehr ernst, hat eine gehobene militärische Stellung.

Beziehung zu Brunos Familie I (Eltern):
- Vater: hat Zutritt zum Büro von Brunos Vater (S. 91 f.), ist häufig bei Brunos Vater (S. 122)
- Mutter: flüstert mit ihr in irgendwelchen Zimmern (S. 122), oft mit ihr im Wohnzimmer, macht Scherze mit ihr (S. 201), organisiert mit der Mutter die Geburtstagsparty des Vaters (S. 202 f.)
- allgemein: „ging im Haus ein und aus, als ob es ihm gehörte" (S. 91), zum Abendessen eingeladen (S. 176 f.), ist im Haus, wenn Brunos Vater nicht da ist (S. 202)

→Kotler hat engen Kontakt zur Familie, auch über das Berufliche hinaus, möglicherweise sogar eine Affäre mit Brunos Mutter.

Beziehung zu Brunos Familie II (Kinder):
- Gretel: unterhält sich oft mit Gretel, scherzt mit ihr (S. 93 f., 122), Gretel bewundert ihn und himmelt ihn an (S. 93, 95)
- Bruno: wenig Kontakt mit Kindern, weiß nicht, wie er mit ihnen umgehen soll (S. 28), nennt Bruno „kleiner Mann", was diesen beleidigt, fährt ihm durchs Haar (S. 93), macht Witze, die Bruno nicht versteht (S. 95), Bruno findet ihn widerlich (S. 99), seine Brutalität macht Bruno Angst (S. 176), ermahnt Bruno zu gutem Benehmen (S. 204 f.), macht sich lustig über Bruno (S. 204), „verhört" Bruno (S. 214)

→Kotler kann mit Kindern nichts anfangen, nimmt sie nicht ernst; lässt sich von Gretel anhimmeln.

Umgang mit den Gefangenen:
- Pavel: grober, frecher, respektloser Ton Pavel gegenüber (S. 97 f.), schlägt ihn vermutlich tot (Leerstelle S. 185)
- Schmuel: macht Schmuel Angst (S. 176), schreit ihn an (S. 212 f.), stellt ihn zur Rede, verprügelt ihn nach dem Vorfall in der Küche (S. 215, 217)

→Kotler verhält sich den Gefangenen gegenüber respektlos, brutal und aggressiv.

KV Seite 43

Gretels Erklärungsversuch

Diese Kopiervorlage dient als Impuls für die Auseinandersetzung mit Gretels gefährlichem Halbwissen. Lassen Sie den Dialog zwischen Bruno und Gretel zu Beginn der Stunde mit verteilten Rollen lesen, indem Sie ihn z.B. als Folie auf den Overheadprojektor legen. Stellen Sie den Schülern anschließend die Impulsfragen zur Verfügung, aus denen sich ein Klassengespräch entwickeln kann.

Mögliche Lösung

1. Die erste Erklärung wirkt wenig reflektiert, als plappere Gretel etwas nach, das sie gehört hat. Im weiteren Verlauf kommt Gretel in Erklärungsnot, weil auch sie vieles nicht weiß.

2. (Hier kann zusätzlich auf das 4. Kapitel und den ersten Anblick des Lagers verwiesen werden.)
Gretel hat nur Halbwissen parat, hinterfragt wenig und kann daher Bruno nur sehr oberflächlich auf seine Fragen antworten. Sie nimmt als gegeben hin, was sie sieht, gehört oder gelernt hat. Sie zeigt sich zwar auf der einen Seite politisch interessiert und steckt z.B. die Frontlinie auf einer Europakarte ab (S. 224). Ob ihr wirklich klar ist, um was es dabei geht, bleibt fraglich.

3. Sie kann die Auswirkungen nicht einordnen, weil sie nicht nachhakt und sich (im Gegensatz zu Bruno) keine Fragen stellt.

4. Sie steht für die Menschen im Dritten Reich, die durchaus einiges wahrgenommen haben, es aber verdrängten, nicht genauer nachfragten oder sich nicht die Mühe machten, sich eine eigene Meinung zu bilden.

5. Die Gefahr besteht darin, vorgegebene, mit Vorurteilen behaftete Meinungen, Einstellungen oder Lebensweisen zu übernehmen und vorhandene „Zäune" weiter hochzuziehen, anstatt zu versuchen sie einzureißen.

Anmerkung: Die Schüler werden vielleicht einwenden, dass Gretel mit ihren zwölf Jahren noch zu jung ist, um das Geschehen um sie herum richtig einzuordnen. Nutzen Sie diesen Einwand, um den Jugendlichen klarzumachen, dass auch Zwölfjährige Meinungen nicht einfach unreflektiert übernehmen sollten.

KV Seite 44

Erstaunliches über Haare

Die Kopiervorlage bezieht sich auf das 16. Kapitel „Der Haarschnitt". Kopieren Sie die Vorlage (evtl. mehrfach) auf ein dickeres Papier, schneiden Sie die Kärtchen aus und geben Sie jedem Schüler eines. Damit spazieren die Schüler durch das Klassenzimmer. Begegnen sich zwei, lesen sie sich gegenseitig die Information auf ihrem Kärtchen vor, tauschen diese dann aus und machen sich auf den Weg zu einem weiteren Mitschüler. Ziel ist, dass jeder möglichst viele verschiedene Informationen zum Thema „Haare" erhält und weitergibt.

Sprechen Sie anschließend mit den Schülern über die Bedeutung von Haaren im Allgemeinen und stellen Sie einen Bezug zur Lektüre her. Folgende Impulsfragen sind denkbar:
- Welche Information über Haare fandet ihr am interessantesten?
- Welche Bedeutung haben Kopfhaare für euch?
- Was müsste man euch bieten, damit ihr euch eine Glatze schneiden lasst?
- Was würde es für euch bedeuten, wenn man euch gegen euren Willen die Kopfhaare abrasieren würde?
- Warum wurden den KZ-Häftlingen wohl die Haare geschoren?
- Warum wurden Brunos, aber nicht Gretels Haare abrasiert, als beide Kopfläuse hatten?
- Warum lacht Schmuel, als er Bruno zum ersten Mal mit den abrasierten Haaren sieht?
- (Falls der Roman bereits komplett gelesen wurde, können Sie auch fragen: Welche Folgen hat das Abrasieren der Haare für Bruno?)

Gesprächs- und Schreibanlässe

„Es ist nicht sehr schön hier"

Das ist Schmuels vage Aussage über das Leben auf der anderen Seite des Zauns (S. 188). Recherchiert im Internet oder in Geschichtsbüchern über den Alltag in einem KZ (siehe „Das Konzentrationslager Auschwitz", S. 9). Ergänzt und konkretisiert Schmuels Aussage, indem ihr Bruno ausführlicher vom Lageralltag berichtet. Diskutiert anschließend darüber, warum Schmuel im Roman nur diese vage Aussage macht.

Schmuels Großvater ist plötzlich verschwunden
Schmuel erzählt Bruno, dass „sein Großvater seit Tagen verschwunden ist und niemand weiß, wo er ist, und immer wenn er seinen Vater nach ihm fragt, fängt der zu weinen an und umarmt ihn so fest, dass er Angst hat, er könnte ihn erdrücken" (S. 197).

Was ist vermutlich mit dem Großvater passiert? Warum schweigt Schmuels Vater dazu? Warum tröstet Bruno seinen Freund nicht, sondern wechselt schnell das Thema? Ahnt Schmuel, was mit seinem Großvater passiert ist? Tauscht eure Vermutungen mündlich aus.

Ich kenne ihn nicht
Nach der Begebenheit in der Küche (15. Kapitel) sitzt Bruno im Wohnzimmer und kann nicht fassen, dass er so feige war und seinen Freund verleugnet hat. Welche Gedanken gehen ihm wohl durch den Kopf? Warum schämt er sich so? Warum denkt er, dass er kläglich versagt hat? Schreibe diesen inneren Monolog.

Alles nicht mehr so schlimm wie am Anfang
Im 16. Kapitel wird erwähnt, dass Bruno sein neues Zuhause nach fast einem Jahr gar nicht mehr so übel findet. Was hat sich in dieser Zeit alles verändert? Fertige eine Tabelle an und liste die Veränderungen stichwortartig auf.

Kreativ aktiv

Der Verrat
Lest in Vierergruppen den Abschnitt, in dem Oberleutnant Kotler Bruno und Schmuel in der Küche antrifft (S. 212–214). Überlegt euch, wie ihr ein ausdrucksstarkes Plakat mit der Überschrift „Der Verrat" gestalten könnt, und fertigt einen Entwurf an. Teilt für die Erstellung des Plakats jedem Gruppenmitglied eine Aufgabe zu, sodass innerhalb des Teams möglichst ökonomisch gearbeitet wird.

Das nennst du Arbeit?
Im 17. Kapitel belauscht Bruno ein Gespräch seiner Eltern, aus dem hervorgeht, dass seine Mutter mit den Kindern nach Berlin zurückkehren möchte. Entwickelt in Gruppenarbeit diesen Dialog zwischen Brunos Eltern weiter – den Anfang findet ihr auf Seite 232 – und stellt ihn in einem Rollenspiel dar. Achtet dabei auf die passende Gestik und Mimik der Personen.

Wer sagt was?

1. Welche Person sagt im 14. bis 17. Kapitel die folgenden Sätze? Schreibe zu jedem Zitat den Namen des Sprechers.

2. Schneide anschließend die Textkarten aus, klebe sie in dein Heft und schreibe dazu, in welcher Situation die Sätze jeweils gesagt werden.

✂

________________ „Es werden viele Leute da sein. Und, werden wir uns von unserer besten Seite zeigen?" (S. 205)	________________ „Ich habe nicht mit ihm gesprochen. Ich habe ihn noch nie im Leben gesehen. Ich kenne ihn nicht." (S. 214)
________________ „Ich verstehe nicht, warum du so versessen darauf bist, hier herüberzukommen. Es ist nicht sehr schön." (S. 188)	________________ „Ich verstehe nicht, warum wir nicht auf die andere Seite dürfen. Was stimmt nicht mit uns, dass wir nicht hinübergehen und dort spielen dürfen?" (S. 225)
________________ „Was weißt du von den Vorgängen dort drüben?" (S. 237)	________________ „Keine Angst. Das wächst wieder. Dauert nur ein paar Wochen." (S. 229)
________________ „Wir sind das Gegenteil." (S. 227)	________________ „Er ist mein Freund." (S. 213)
________________ „Ich darf nicht. Er kommt zurück, ich weiß es genau." (S. 210)	________________ „Sag's mir, Bruno! Ein drittes Mal frage ich dich nicht." (S. 214)
________________ „Ich finde, du solltest damit aufhören. [...] Weil es nicht gesund ist. Es ist das erste Anzeichen für Wahnsinn." (S. 197)	________________ „Man wird mir Fragen über die Einstellung zu meiner Arbeit hier stellen." (S. 232)
________________ „Was um Himmels willen machst du da?" (S. 207)	________________ „Ach, Kurt, mein Teurer, du bist ja noch da!" (S. 205)

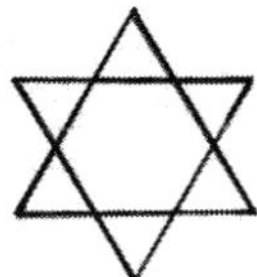

Im Klartext

Sprich Klartext mit Bruno und erkläre ihm die Begriffe, die im Zusammenhang mit der Judenverfolgung im Dritten Reich stehen.

1. Antisemitismus: ______

2. Holocaust: ______

3. Schoah: ______

4. Judenstern: ______

5. Gettoisierung: ______

6. Konzentrationslager: ______

7. Deportation: ______

9. Pogrom: ______

8. Selektion: ______

10. Vergasung: ______

Was ist Freundschaft?

Bruno möchte niemandem von seiner Freundschaft mit Schmuel erzählen. Deshalb gibt er Gretel gegenüber vor, einen imaginären Freund zu haben.

1. Welche Merkmale einer Freundschaft treffen auf Bruno und Schmuel zu? Welche Merkmale sind für dich in einer Freundschaft wichtig? Trage in die Tabelle deine Bewertungen ein.

– trifft nicht zu   + trifft kaum zu   ++ trifft zu   +++ trifft voll zu

Bruno und Schmuel	Merkmale von Freundschaft	Mein Freundschaftsverständnis
	die Lebenswelt des anderen verstehen	
	viel Zeit miteinander verbringen	
	sich gegenseitig Sorgen und Probleme mitteilen	
	gemeinsame Hobbys haben	
	einander vertrauen, sich auf den anderen verlassen können	
	viel miteinander unternehmen	
	gemeinsam Abenteuer erleben	
	Ideen in die Tat umsetzen	
	die gleiche Herkunft haben	
	sich gegenseitig helfen	
	gleicher Meinung sein	
	sich schon lange kennen	
	füreinander da sein	
	sich Geheimnisse anvertrauen	
	einen ähnlichen familiären Hintergrund haben	
	nicht allein sein	
	sich gegenseitig aufmuntern und Mut zusprechen	
	miteinander herzlich umgehen	
	viel lachen	

2. Vergleiche die erste und dritte Spalte. Was fällt dir auf? Was zeichnet die Freundschaft zwischen Bruno und Schmuel aus? Schreibe in ganzen Sätzen in dein Heft.

Wer ist Kurt Kotler?
Beziehung zu Brunos Familie II (Kinder)
(S. 28, 93, 95, 99, 176, 204, 205, 214)
• Gretel:
• Bruno:
Beziehung zu Brunos Familie I (Eltern)
(S. 91, 92, 122, 176/177, 201–203)
• Vater:
• Mutter:
• allgemein:
Berufliche Tätigkeit / Erscheinungsbild
(S. 27, 28, 92, 93)
Umgang mit den Gefangenen
(S. 97, 98, 176, 185, 212, 213, 215, 217)
• Pavel:
• Schmuel:

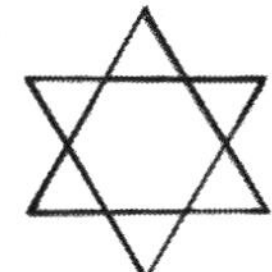

Gretels Erklärungsversuch

Wenn Bruno mit seinem Latein am Ende ist, wendet er sich an seine zwölfjährige Schwester Gretel. Dieses Mal möchte Bruno von ihr wissen, warum es den Zaun gibt. Es kommt zu folgendem Dialog (S. 226 – 228).

Der Zaun ist nicht da, um zu verhindern, dass wir auf die andere Seite gehen. Er soll verhindern, dass sie auf unsere Seite kommen. Weil man sie zusammenhalten muss. Mit ihren Familien. Aber auch mit ihresgleichen. Mit den anderen Juden. Deswegen muss man sie zusammenhalten. Sie dürfen sich nicht mit uns vermischen.

Sind wir auch Juden?

Nein, das sind wir ganz bestimmt nicht. Du solltest so was wirklich nicht sagen.

Was sind wir dann?

Wir sind ... Wir sind ... Wir sind eben keine Juden. Wir sind das Gegenteil.

Mögen die Juden das Gegenteil nicht?

Nein, wir mögen sie nicht.

Und warum mögen wir sie nicht?

Weil sie Juden sind.

Verstehe, das Gegenteil und die Juden kommen nicht miteinander aus.

Nein, Bruno.

Diskutiert.

1. Wie wirken Gretels Erklärungen auf euch?
2. Wie viel weiß sie über die Ideologie der Nationalsozialisten?
3. Inwiefern kann sie die Auswirkungen des nationalsozialistischen Regimes einordnen?
4. Für welchen Typ Mensch steht sie stellvertretend im Buch?
5. Welche Gefahr lauert in Gretels Haltung gegenüber den Geschehnissen?

Erstaunliches über Haare

✂

Wusstest du, dass ...	**Wusstest du, dass ...**	**Wusstest du, dass ...**	**Wusstest du, dass ...**
Männerhaar schneller wächst als Frauenhaar?	Kaiserin Sisi bodenlanges Haar gehabt haben soll?	Haare ebenso wie Finger- und Fußnägel aus Horn bestehen?	es ein erfolgreiches Musical gibt, das „Hair“ heißt?
Wusstest du, dass ...	**Wusstest du, dass ...**	**Wusstest du, dass ...**	**Wusstest du, dass ...**
ein einzelnes Haar bis zu 100 g Zugkraft aushalten kann, ohne zu reißen?	der Besuch bei einem der teuersten Friseure der Welt 35 000 € kosten kann?	die Lebensdauer eines Haares zwei bis sechs Jahre beträgt?	für ein einzelnes Haar von John Lennon bei einer Auktion 3400 € gezahlt wurden?
Wusstest du, dass ...	**Wusstest du, dass ...**	**Wusstest du, dass ...**	**Wusstest du, dass ...**
der Mensch ca. 5 Millionen Haare hat, davon 100 000 bis 150 000 auf dem Kopf?	es bei den alten Ägyptern vor 4000 Jahren schon ein Mittel gegen die Männerglatze gab?	es viele Redensarten zum Thema Haare gibt (z. B. „Mir stehen die Haare zu Berge“)?	die längsten Kopfhaare, die als Weltrekord festgehalten wurden, 5,63 m lang waren?
Wusstest du, dass ...	**Wusstest du, dass ...**	**Wusstest du, dass ...**	**Wusstest du, dass ...**
im englischen Sprachraum ein „bad hair day“ ein Tag ist, an dem alles schief geht?	Blondinen mehr Haare auf dem Kopf haben als Rothaarige oder Brünette?	es eine alte Tradition der Menschen ist, das Haupthaar lang zu tragen?	ein Mensch pro Tag im Durchschnitt 80 bis 100 Haare verliert?
Wusstest du, dass ...	**Wusstest du, dass ...**	**Wusstest du, dass ...**	**Wusstest du, dass ...**
die unterschiedlichsten Kulturen dem Kopfhaar eine besondere Bedeutung zusprechen?	in Songtexten blondes Haar achtmal häufiger besungen wird als braunes?	ein Mensch durchschnittlich 120 Tage seines Lebens mit Haarpflege verbringt?	Haare nicht verwesen?

18. bis 20. Kapitel: Die andere Seite des Zauns

Inhalt

(18) Nach zwei Tagen kommt Bruno wieder an den Zaun. Schmuel berichtet ihm traurig, dass sein Vater verschwunden ist. Bruno teilt ihm im Gegenzug mit, dass er in zwei Tagen für immer nach Berlin zurückkehren wird, was Schmuel noch trauriger macht. Bruno möchte vor seiner Abreise gern einmal die andere Seite des Zauns erkunden, hat aber Angst vor Ärger. Da kommt ihm die Idee, dass er mit seinen abrasierten Haaren und einem gestreiften „Pyjama“ gar nicht auffallen würde. So verabreden sich Schmuel und Bruno für ein letztes Abenteuer am nächsten Tag. Schmuel wird für Bruno die passende Kleidung mitbringen und dann wollen sie gemeinsam Schmuels Vater suchen.

(19) Schmuel hat wie versprochen die Kleidung für Bruno mitgebracht. Dieser zieht sich am Zaun um und lässt seine Kleider und Schuhe dort liegen. Bruno fühlt sich mit der Häftlingskleidung wie in einem Theaterstück seiner Großmutter. Schließlich krabbelt er unter dem Zaun hindurch und steht Schmuel zum ersten Mal direkt gegenüber. Im Lager stellt Bruno fest, dass seine Vorstellungen überhaupt nicht der Realität entsprechen, und schon möchte er nach Hause. Doch Schmuel erinnert ihn daran, dass er ihm versprochen hat, nach seinem Vater zu fahnden. So machen sich die beiden auf die erfolglose Suche. Als Bruno zum Zaun zurückkehren will, wird er mit Schmuel und anderen Häftlingen von Soldaten zusammengetrieben und von der Menge in einen warmen Raum mitgetragen. Die Türen werden von außen verriegelt.

(20) Auf der Suche nach Bruno findet man nur seine Kleider am Zaun. Brunos Mutter will sein plötzliches Verschwinden nicht wahrhaben und denkt, er habe sich vielleicht allein nach Berlin aufgemacht. Sie findet ihn bei ihrer Ankunft dort aber nicht vor. Der Vater bleibt in Auschwitz. Als er nach einem Jahr das Loch im Zaun entdeckt, wo Brunos Kleider lagen, wird ihm klar, was passiert ist. Einige Monate danach wird das Lager von den Siegermächten befreit. Die Soldaten nehmen Brunos Vater mit – es ist ihm egal.

Unterrichtsschwerpunkte

- Brunos Besuch im Lager
- Ende des Buchs
- Meinung zum Buch
- Aufbau der Handlung
- Textgattung Fabel und „Moral“ der Lektüre
- Informationen zum Autor

Zu den Kopiervorlagen

Der Schritt über den Zaun

KV Seite 50

Diese Kopier- oder auch Folienvorlage kann flankierend zum gemeinsamen Lesen des 19. Kapitels zum Einsatz kommen. Erarbeiten Sie mit den Schülern zunächst im Klassengespräch, warum Bruno auf die andere Seite des Zauns will und welche Voraussetzungen dafür erfüllt sind, dass er problemlos und unerkannt ins Konzentrationslager gelangt. Diese einzelnen Punkte tragen die Schüler stichwortartig auf dem Weg im Vordergrund des Schaubilds ein.

Auf Seite 256 f. wird geschildert, wie Bruno sich die Welt hinter dem Zaun vorgestellt hat und wie die Realität aussieht. Die Schüler schreiben dies stichwortartig in die beiden Gebäudeteile auf dem Arbeitsblatt. Die Gegenüberstellung macht nochmals Brunos unglaubliche Naivität und Unwissenheit deutlich. Bruno möchte zurück, angedeutet durch den Pfeil, aber er hat Schmuel versprochen, mit ihm dessen Vater zu suchen.

Die Jugendlichen überlegen vor dem (stillen) Weiterlesen des Kapitels (S. 258–263), welche Gefahren für Bruno hinter dem Zaun lauern. Sie tragen ihre Vermutungen in den Torbogen ein und antizipieren somit den Ausgang der Geschichte.

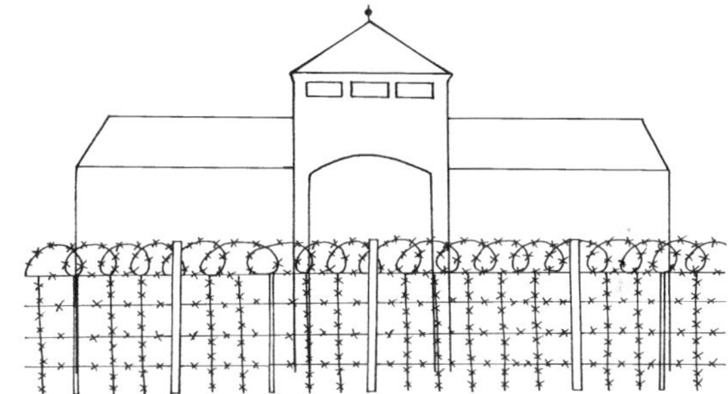

Mögliche Lösung

Gründe und Voraussetzungen:
- Niemand weiß von Brunos Treffen mit Schmuel.
- Brunos kahlgeschorener Kopf
- Häftlingsbekleidung von Schmuel
- Loch im Zaun, durch das man kriechen kann
- Brunos Neugier, wie es auf der anderen Seite des Zauns aussieht
- Bruno will gezielt nach Schmuels Vater forschen.

Brunos Vorstellung:
- glückliche Familien
- Man erzählt sich in Schaukelstühlen sitzend Geschichten.
- Jungen und Mädchen spielen und treiben Sport.
- Laden und Café, evtl. auch Obst- und Gemüsestand zu finden

Brunos Konfrontation mit der Realität:
- Menschengruppen starren traurig auf Boden
- alle dünn, mit eingesunkenen Augen und kahlgeschorenen Köpfen
- Soldaten brüllen und drohen mit Gewehren
- Zwei-Klassen-Gesellschaft: betrübte Menschen in Häftlingsanzügen vs. gut gelaunte Soldaten

Gefahr:
- Bruno gleicht Häftlingen und wird genauso behandelt wie sie
- Bruno kennt alltägliche Abläufe im KZ nicht (Er könnte leicht auffallen und die Aufmerksamkeit der Soldaten auf sich lenken.)

aber:
Bruno hat versprochen, Schmuel zu helfen.

Wer ist verantwortlich?
Die Schüler gehen der Frage nach, wie es zu Brunos Tod in der Gaskammer kommen konnte. Sie überlegen, inwiefern die auf dem Arbeitsblatt genannten Personen zu Brunos Tod beigetragen haben, und schreiben dies in Stichworten ins jeweilige Kreissegment. Beim Segment zu Adolf Hitler ist ggf. eine Hilfestellung für die Schüler nötig, da er als historische Person und als Romanfigur zu bewerten ist. Die Frage, wer in den Augen der Schüler am meisten verantwortlich für Brunos Tod ist, kann anschließend zu einer interessanten Diskussion führen. Es dürfte deutlich werden, dass nicht nur eine Person, sondern letztendlich alle Mitschuld an Brunos Tod haben. Dies ist eine Erkenntnis, die die Schüler – natürlich in abgemilderter Form – auch in ihrem Alltag feststellen können: Oft scheint es am einfachsten, die Verantwortung auf eine Person abzuwälzen, es wird vorschnell geurteilt. Verantwortung und Schuld ist aber meist eine komplexere Angelegenheit.

Mögliche Lösung
Aufgabe 1:
Bruno selbst:
- Er wollte unbedingt auf die andere Seite des Zauns.
- Er hätte zurück zum Zaun gehen sollen, als er merkte, dass der Ort überhaupt nicht seinen Vorstellungen entsprach.
- Sein Bauchgefühl riet ihm, den Ort zu verlassen.

Schmuel:
- Er kannte das Lager und die Zustände.
- Er hätte Bruno nicht auf die andere Seite kommen lassen sollen.

Soldaten im Lager:
- Sie hätten merken müssen, dass Bruno kein Häftling sein kann.
- Sie trieben unschuldige Menschen in den Tod.

Brunos Vater (als Lagerkommandant):
- Brunos Vater hätte die Familie niemals nach Auschwitz bringen dürfen.
- Brunos Vater ist als Lagerkommandant hauptverantwortlich für das Unrecht, das im Lager geschieht.

Brunos Eltern:
- Brunos Eltern merkten ein Jahr lang nicht, dass Bruno oft stundenlang weg war.
- Sie zeigten kein Interesse für das, was Bruno in seiner Freizeit machte (Treffen mit Schmuel).
- Sie ließen Bruno im Unklaren über die Verhältnisse im Lager.

Adolf Hitler:
- Hitler hat (mit seinen Helfern) die gesamte Maschinerie der Judenvernichtung und die KZs ins Leben gerufen.
- Hitler hat Brunos Vater zum Lagerkommandanten befördert und somit den Umzug nach Auschwitz bewirkt.

Meine Meinung zum Roman
Nach dem Lesen dieser aufwühlenden Lektüre äußern die Schüler ihre Meinung zum Buch. Mit der Kopiervorlage bewerten sie mit Versatzstücken nach emotionalen und rationalen Gesichtspunkten. Abschließend fällen sie ihr Gesamturteil. Hängen Sie die Ergebnisse entweder im Klassenzimmer auf, wo sie die Mitschüler lesen können, oder lassen Sie jeden Schüler seine Meinung vorlesen, die nicht kommentiert wird. Am Ende ist ein umfassendes Meinungsbild zum Roman entstanden.

Das Buch auf einen Blick
Diese Kopiervorlage hat die Funktion eines Ausschneidebogens, mit dessen Hilfe die Schüler sowohl den Aufbau und die Spannungskurve des Buchs als auch weitere wissenswerte Informationen auf einem Plakat gestalten.

Kopieren Sie dafür das Blatt vergrößert (je nach Plakatgröße). Es eignet sich die Arbeit in Kleingruppen. Den Schülern bleibt es vorbehalten, Dinge selbst zu ergänzen. Da jede Gruppe auf individuelle Art diese Aufgabe lösen soll, zeigt die hier abgebildete Lösung nur eine Möglichkeit an.

Mögliche Lösung

Thematik des Buchs: Holocaust im Nationalsozialismus

Autor: John Boyne

Textsorte: Fabel

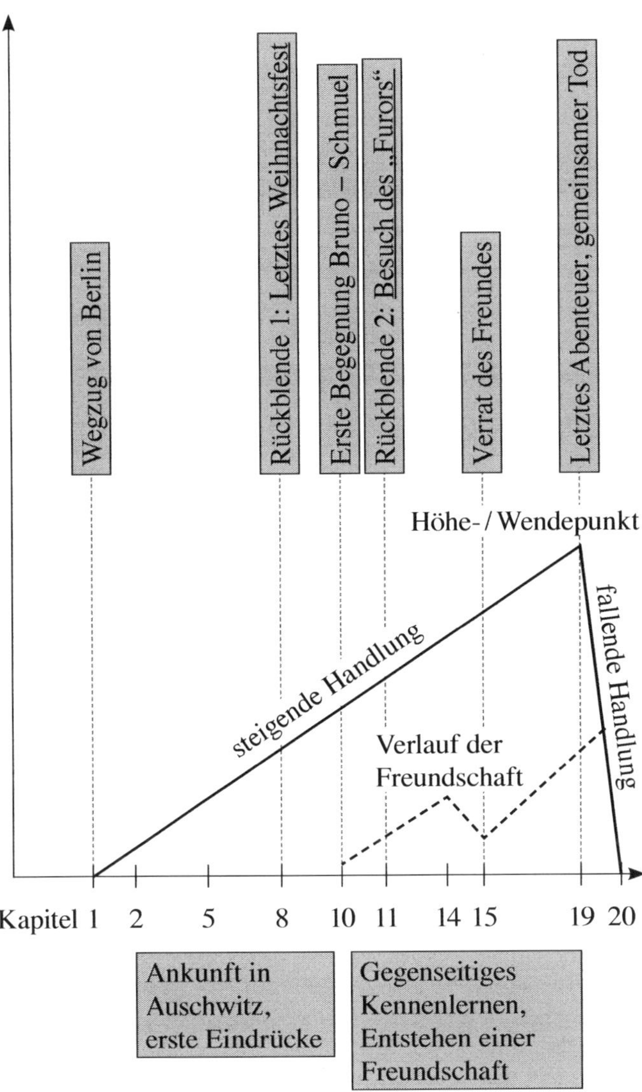

Ort der Handlung: Berlin, Auschwitz

Handlungszeitraum: knappes Jahr

Erzählperspektive: personaler Er-Erzähler → Perspektive des neunjährigen, naiven Bruno, die vieles nur andeutet, historisches Wissen nötig; auktorialer Erzähler (letztes Kapitel)

↓

Sprache / Stil: einfache Wortwahl / einfacher Satzbau

KV Seite 54

Wer steckt hinter diesem Buch?

Das Arbeitsblatt liefert den Schülern Informationen zum Autor John Boyne. Beim Lesen markieren sie wichtige Informationen im Text und erstellen damit anschließend eine Mindmap zum Autor.

Mögliche Lösung

Aufgabe 2:

John Boyne

Leben
- geb. 1971 in Dublin (Irland)
- Kindheit: Begeisterung für Literatur und Verfassen eigener Texte
- Studium: englische Literatur und kreatives Schreiben
- lebt in Dublin

Werke
über 14 Romane

„Der Junge im gestreiften Pyjama“

Veröffentlichung
2006

Entstehung
- April 2004
- Grundidee: zwei Jungen unterschiedlicher Herkunft auf verschiedenen Zaunseiten in Auschwitz
- schreibt ohne genaue Planung und Recherche
- erster Entwurf nach ca. vier Tagen

Erfolg und Kritik
- neun Mio. Mal verkauft
- in 57 Sprachen übersetzt
- Verfilmung
- häufigste Kritik: Kann Bruno wirklich so unwissend sein?

KV Seite 55

Die moralische Botschaft

Der Autor nennt seine Geschichte „Eine Fabel“. Die Schüler arbeiten heraus, welche Fabelmerkmale der Roman tatsächlich aufweist, z.B. lehrhafter Inhalt mit einer Moral am Ende, aber kein Personal aus dem Tierreich. Die Moral ist aus dem Nachwort herauszulösen, aufzuschreiben und in eigene Worte zu fassen. Erarbeiten Sie diese mit lernschwächeren Schülern gemeinsam. Aufgabe 4 leitet ein Klassengespräch an. Hier werden die Jugendlichen vielleicht Vorurteile jeglicher Art nennen, z.B. gegenüber Gleichaltrigen aus anderen Kulturen. Je nach politischem Wissen können Sie die Diskussion in Richtung Menschenrechtsverletzungen, Ungerechtigkeiten, Völkermord usw. lenken.

Lösung

Aufgabe 1:

~~Eine Fabel ist ein kurzer Text.~~

~~In einer Fabel haben Tiere, Pflanzen oder Dinge typisch menschliche Eigenschaften: Sie sprechen und handeln wie Menschen.~~

~~In einer Fabel führen die Protagonisten oftmals ein Streitgespräch, bestehend aus Rede und Gegenrede. Am Ende gewinnt der Listigere oder der Stärkere.~~

Aufgabe 2:

„Wir […] leben auf der anderen Zaunseite, starren von unserem sicheren Platz aus hinüber und versuchen auf unsere unbeholfene Art, aus dem Ganzen schlau zu werden. Auch heute gibt es noch Zäune […].“

Aufgabe 3:

z. B. Ich muss mich informieren, was auf der „anderen Seite des Zauns“ vor sich geht, damit ich Dinge, die dort passieren, selbst beurteilen kann und nicht auf Vorurteile oder Halbwissen (anderer) zurückgreife. Man muss auch das Vorhandensein dieser Zäune an sich hinterfragen.

Gesprächs- und Schreibanlässe

Ein Ende, das betroffen macht

Schreibe nach der Lektüre des 19. Kapitels deine Gedanken und Gefühle auf ein Blatt Papier (DIN A5). Bereitet gemeinsam eine Pinnwand vor, an die jeder seinen Zettel heftet, damit ein stiller Gedankenaustausch stattfinden kann.

Diskutiert anschließend darüber, ob die Geschichte nur so ausgehen konnte und was der Autor mit diesem Ende bezwecken will.

Nie wieder?

Der Roman endet mit den Worten: „Natürlich geschah dies alles vor langer Zeit, und etwas Ähnliches könnte nie wieder passieren. Nicht in diesen Tagen. Nicht in diesem Zeitalter“ (S. 266). Diskutiert, was damit gemeint sein könnte. Was haltet ihr von dieser Aussage?

Kreativ aktiv

Brunos Vater – ein gebrochener Mann

Brunos Vater ist am Ende des Romans ein gebrochener Mann. Ihm ist klargeworden, was sich abgespielt hat und wie sein Sohn ums Leben gekommen ist. Er sitzt am Zaun, wo er dessen Kleider gefunden hat.

Bildet Vierergruppen. Überlegt zunächst, welche Gedanken Brunos Vater durch den Kopf gehen könnten. Bedenkt dabei, dass er nichts von Schmuel wissen kann.

Stellt nun den Vater in einem Standbild dar. Achtet auf seine Körperhaltung und Mimik.

Stellt euch bei der Präsentation des Standbilds abwechselnd hinter den Vater und fasst seine Gedanken in Worte.

Eure Mitschüler haben die Aufgabe, euch zurückzumelden, wie euer Standbild und die geäußerten Gedanken auf sie gewirkt haben. Anschließend stellen die anderen Gruppen ihr Standbild vor.

Wortwolken zum Buch erstellen

Eine kreative Art der „Zusammenfassung“ des Buchs ermöglicht ein sogenanntes „Wordle“ (auch „Wordcloud“ oder „Wortwolke“). Dieses wird durch ein Java-Applet erzeugt, das aus Wörtern nach dem Zufallsprinzip grafisch gestaltete Buchstabenbilder aufbaut. Einfluss auf die Schriftgröße der einzelnen Wörter hat die Häufigkeit eines Begriffs in der zugrundeliegenden Wortliste. Die Webseite *www.edwordle.net*, die dieses „Wordle“ erstellt, ist kostenlos und frei zugänglich.

Am besten geht man mithilfe der Think-Pair-Share-Methode aus dem kooperativen Lernen vor, die für die Durchführung Gruppen von vier Schülern vorsieht:

1. In der Think-Phase notiert sich jeder Schüler in Einzelarbeit möglichst viele Begriffe, die ihm spontan zum Buch einfallen. Es gibt keine Einschränkungen oder Vorgaben.
2. In der Pair-Phase vergleichen zwei Partner der Gruppe, welche Begriffe sie notiert haben, streichen Unpassendes und ergänzen, was ihnen noch gemeinsam einfällt. Wortdoppelungen bleiben vorhanden.
3. In der Share-Phase vergleichen die vier Schüler, was sie gefunden haben. Auch hier werden Mehrfachnennungen beibehalten bzw. Fehlendes ergänzt.

Die entstandene Wortliste ist Grundlage für das „Wordle“. Die Wörter werden bei *www.edwordle.net* eingegeben. Das Programm erstellt nach dem Zufallsprinzip das „Wordle“. Hängen Sie es ausgedruckt (Screenshot) im Klassenzimmer auf. Die Schüler bewerten in einem Gallerywalk durch Anbringen von Klebepunkten das gelungenste „Wordle“.

Mögliche Bewertungskriterien: Wurden im „Wordle“ verschiedene Wortarten verwendet? Bezieht sich das „Wordle“ nur auf den Inhalt des Buchs oder beinhaltet es auch Begrifflichkeiten zur Gesamtthematik? Ist die Wortwahl eher einfach oder gehoben? Ist die Anzahl der verwendeten Wörter ausreichend?

Hilfreiche Internetseiten für Lehrer im Zusammenhang mit „Wordle“:

- *www.edugroup.at* (Suchbegriff: wordle)
- *www.lehrer-online.de* (Suchbegriff: wordle)

Das Buch in der Kritik

Recherchiert im Internet, wie das Buch „Der Junge im gestreiften Pyjama“ von John Boyne von verschiedenen Literaturkritikern beurteilt wurde. Sucht euch je nach Schwierigkeitsgrad (* leicht bis *** schwer) eine Rezension heraus.

* *www.lesebar.uni-koeln.de/28645.html*

** *www.faz.net/aktuell/feuilleton/buecher/rezensionen/kinderbuch/hinter-dem-hohen-zaun-1465159.html*

*** *www.zeit.de/2007/37/KJ-Boyne*

Erstellt eine Tabelle, in die ihr die positiven bzw. negativen Beurteilungen des jeweiligen Rezensenten eintragt. Fasst anschließend zusammen, ob die Kritik insgesamt eher positiv oder negativ ausfällt.

Recherche

Die Befreiung von Auschwitz

Informiert euch im Internet über die Befreiung des Konzentrationslagers Auschwitz durch die Rote Armee am 27. Januar 1945 und den damit verbundenen internationalen Gedenktag. Geht in diesem Zusammenhang auch der Aussage „Wir haben von nichts gewusst“ nach, die von Zeitzeugen häufig geäußert wurde. Diskutiert kritisch darüber.

Der Schritt über den Zaun

Fülle stichwortartig das Schaubild zu Brunos Besuch auf der anderen Seite des Zauns (19. Kapitel) aus.

Brunos Vorstellung:

GEFAHR

Brunos Konfrontation mit der Realität:

Gründe und Voraussetzungen:

aber:

Wer ist verantwortlich?

1. Inwiefern tragen die einzelnen Personen die Verantwortung für Brunos Tod? Trage stichwortartig in die Segmente ein.

Adolf Hitler

Bruno selbst

Brunos Eltern

Brunos Tod

Schmuel

Brunos Vater (als Lagerkommandant)

Soldaten im Lager

2. Wer ist deiner Meinung nach am meisten verantwortlich für Brunos Tod? Färbe das entsprechende Kreissegment – eventuell auch mehrere – ein. Begründe deine Wahl, gib aber auch an, warum die anderen deiner Meinung nach ausscheiden.

Meine Meinung zum Roman

Wähle jeweils einen der folgenden Satzanfänge und setze ihn fort. Begründe deine Meinung. Formuliere am Ende ein Gesamturteil.

1. ☐ Interessant fand ich ...
   ☐ Beeindruckend war für mich ...
   ☐ Ergriffen war ich von ...

2. ☐ Irritiert hat mich ...
   ☐ Seltsam fand ich ...
   ☐ Schockierend an der Lektüre war für mich, dass ...

3. ☐ Ich habe im Laufe der Lektüre gelernt, dass ...
   ☐ Ich finde diese Darstellung der Judenverfolgung im Dritten Reich ...
   ☐ Besonders im Gedächtnis bleibt mir die Tatsache, dass ...

4. Insgesamt finde ich dieses Jugendbuch

Das Buch auf einen Blick

Gestaltet ein Plakat, das wichtige Informationen zum Buch bietet sowie den Aufbau der Handlung mit einer Spannungskurve zeigt. Verwendet dafür die einzelnen Kästen. Ihr könnt Details ergänzen, die euch wichtig erscheinen.

Fakten zum Buch

✂

Autor: ______	Ort der Handlung: ______
Textsorte: ______	Handlungszeitraum: ______
Sprache / Stil: ______ ______	Thematik des Buchs: ______ ______
Erzählperspektive: ______ ______ ______	

Spannungskurve

✂

Rückblende 1: ______	Rückblende 2: ______
Ankunft in Auschwitz, erste Eindrücke	Gegenseitiges Kennenlernen, Entstehen einer Freundschaft
Erste Begegnung Bruno – Schmuel	Wegzug von Berlin
Letztes Abenteuer, gemeinsamer Tod	Verrat des Freundes

Wer steckt hinter diesem Buch?

1. Lies den Text und markiere wichtige Informationen farbig.

Du hast dich bestimmt schon gefragt, wer wohl hinter dieser Geschichte über Bruno, Schmuel und ihre verschiedenen Lebenswelten steckt.

Ausgedacht hat sie sich der irische Schriftsteller John Boyne, der 1971 in Dublin geboren wurde und heute noch dort lebt.

Als Kind hat er nicht nur gern gelesen, sondern auch angefangen, Kurzgeschichten und Gedichte zu schreiben. Und so war ihm bald klar, dass er einmal Schriftsteller werden wollte. Er studierte nach dem Abitur englische Literatur und kreatives Schreiben. „Der Junge im gestreiften Pyjama“ war sein vierter Roman. Mit ihm gelang ihm der internationale Durchbruch. Das Buch wurde seit seinem Erscheinen 2006 über zehn Millionen Mal verkauft, in 46 Sprachen übersetzt und 2008 sogar verfilmt.

Interessant ist, dass es keinen besonderen Auslöser für diese Geschichte gab. John Boyne hatte eines Tages im April 2004 einfach die Idee, eine Geschichte über zwei Jungen zu schreiben, die auf unterschiedlichen Seiten eines Zauns sitzen und miteinander reden. Zur Idee gehörten der entsprechende Ort und die unterschiedliche Lebenssituation der beiden Jungen. Natürlich muss man sich in der Zeitgeschichte gut auskennen, um über einen historischen Stoff schreiben zu können. Deshalb recherchieren viele Autoren zuerst einmal ganz intensiv oder interviewen möglicherweise Zeitzeugen, bevor sie sich daran machen, über so ein hochsensibles Thema wie den Holocaust zu schreiben.

Da John Boyne die Geschichte aufgrund seiner Idee aber spontan, ohne vorherige Planung entwickelte, begann er einfach zu schreiben und war selbst gespannt, welche Handlung sich aus seiner Idee entwickeln würde. Er griff auf seine guten historischen Kenntnisse über den Holocaust zurück und schrieb fast ohne Unterbrechung. Nach 100 Stunden lag der erste Entwurf, eine Geschichte mit etwas über 50 000 Wörtern, auf seinem Schreibtisch. Natürlich hat er sie nicht sofort einem Verlag zugesandt, sondern noch ungefähr ein Jahr daran gefeilt.

Zwei Dinge jedoch hat er ganz bewusst nicht mehr verändert: Erstens die beiden letzten Kapitel – also das abschließende Abenteuer der beiden Jungen, verbunden mit dem schockierenden Ende der Geschichte. Zweitens die außergewöhnliche, extrem naive Perspektive des neunjährigen Bruno, die das Thema Antisemitismus und Holocaust im Dritten Reich in völlig neuer Weise präsentiert. Sie rief die meiste Kritik am Roman hervor, sodass die dem Autor am häufigsten gestellte Frage lautete: Ist es möglich, dass Bruno, der Sohn eines Lagerkommandanten, so unwissend war?

Interessant ist, dass John Boyne ein ganz persönliches Detail in den Roman eingebaut hat: Brunos und Schmuels Geburtstag (15.4.1934) ist der Tag, an dem sein Vater geboren ist.

Beinahe 5000 Schulklassen in einem Dutzend Länder hat Boyne zu „Der Junge im gestreiften Pyjama“ Rede und Antwort gestanden und versucht, ihr Interesse für das Thema zu wecken und ihnen Lust aufs Lesen zu machen.

Nach diesem Roman hat Boyne inzwischen mehr als zehn weitere geschrieben und veröffentlicht. Vielleicht bist du neugierig geworden und liest noch ein anderes Buch von ihm.

2. Halte die wichtigsten Informationen zum Autor in einer Mindmap fest.

Die moralische Botschaft

1. „Der Junge im gestreiften Pyjama" ist laut Untertitel „Eine Fabel". Lies die hier aufgelisteten Merkmale einer Fabel. Welche treffen auf Boynes Geschichte nicht zu? Streiche die entsprechenden Kästen durch.

Eine Fabel ist ein kurzer Text.

Die Lehre (Moral) der Fabel wird oft abschließend zusammengefasst.

In einer Fabel haben Tiere, Pflanzen oder Dinge typisch menschliche Eigenschaften: Sie sprechen und handeln wie Menschen.

In einer Fabel führen die Protagonisten oftmals ein Streitgespräch, bestehend aus Rede und Gegenrede. Am Ende gewinnt der Listigere oder der Stärkere.

Der Leser soll aus einer Fabel eine Lehre für sein eigenes Handeln ziehen.

Die Fabel entlarvt typisch menschliche Schwächen und übt damit auch Zeit- bzw. Gesellschaftskritik.

Die Fabel zeichnet sich durch gleichnishaftes Reden aus. Sie benutzt ein Bild, z.B. den Fuchs (Bildebene), und meint damit einen listigen Menschen (Sachebene).

2. Lies das Nachwort des Autors. Wie lautet seine „Moral"? Schreibe auf.

____

____

____

____

3. Welche Lehre ziehst du aus diesem Buch für dein eigenes Handeln? Schreibe auf.

____

____

____

____

4. Auf welche „Zäune" blicken wir manchmal und verstehen nicht ganz, was sich auf der „anderen Seite" abspielt? Diskutiert.

Der Film zum Buch

Der Roman „Der Junge im gestreiften Pyjama" wurde vom britischen Regisseur Mark Herman verfilmt und kam 2008 in die britischen, 2009 in die deutschen Kinos.

Da eine Verfilmung immer auch eine Interpretation einer Romanvorlage ist, empfiehlt es sich, den Film im Anschluss an die Lektüre im Unterricht zu zeigen und einen Vergleich zwischen Buch und Film mit den Schülern vorzunehmen. Dazu bedarf es Wissen über filmsprachliche Mittel und einen geschulten Blick. Dies greifen zwei Kopiervorlagen auf. Zwei weitere Arbeitsblätter beschäftigen sich mit Filmkritiken. Nicht nur das Buch löste Kontroversen aus, auch beim Film zum Buch waren die Kritiker geteilter Meinung.

Unterrichtsschwerpunkte

- filmsprachliche Begriffe
- filmische Umsetzung des Romans
- Filmanalyse
- Filmkritik

Zu den Kopiervorlagen

KV Seite 61

Begriffe der Filmsprache

Diese Kopiervorlage dient dem Kennenlernen filmsprachlicher Begriffe und Inszenierungsstile, die eingesetzt werden, um eine bestimmte Atmosphäre zu schaffen, Spannung zu erzeugen und Emotionen zu transportieren. Die Auseinandersetzung mit diesen Begriffen bietet den Schülern eine Grundlage für die Analyse einzelner Filmsequenzen. Die Schüler schneiden die Kärtchen aus, legen die Begriffe in eine sinnvolle Reihenfolge und ordnen diesen ihre Bedeutung zu. Um die Übersicht für die konkrete Filmanalyse zur Hand zu haben, werden die Kärtchen anschließend aufgeklebt.

Lösung

Einstellungsgröße	Gibt an, wie groß Figuren oder Objekte im Bild zu sehen sind.
Einstellungsgröße 1: Totale	Einstellungsgröße, die eine Person in ihrer Umgebung zeigt; führt häufig in eine neue Szene ein und verschafft dem Zuschauer einen Überblick.
Einstellungsgröße 2: Halbtotale	Einstellungsgröße, die eine Person in voller Größe abbildet; Körperhaltung und Aussehen sind gut erkennbar.
Einstellungsgröße 3: Halbnah	Einstellungsgröße, bei der die Person maximal bis zur Hüfte zu sehen ist; typisch für Dialoge, da die Gestik gut erkennbar ist.
Einstellungsgröße 4: Groß	Einstellungsgröße, bei der das Gesicht dominiert, die sich also auf die Mimik konzentriert; dient der Visualisierung von Gefühlen und Empfindungen.
Einstellungsgröße 5: Ganz groß / Detail	Einstellungsgröße, die einen extremen Ausschnitt eines Gegenstands oder Körperteils zeigt; hebt das wesentliche Detail einer Handlung hervor.
Kameraperspektive	Vogelperspektive: gibt einen Überblick, vermittelt oft Einsamkeit des Gezeigten; Normalsicht: ahmt die natürliche Wahrnehmung nach; Froschperspektive: unterstreicht die Mächtigkeit des Gezeigten.
Kamerafahrt	Die Kamera wird entweder parallel zur Bildfläche bewegt oder auf das Geschehen zu bzw. von ihm weg.
Filmmusik	Untermalt das Filmgeschehen; begleitet Stimmungen, lenkt in eine bestimmte Richtung, gibt Hinweise und erzeugt Spannung.
Montage / Schnitt	Das Zusammenstellen der verschiedenen Einstellungen in einer Filmsequenz; die Parallelmontage verfolgt zwei oder mehr räumlich getrennte Handlungsstränge und zeigt sie abwechselnd.

KV Seite 62

Die Analyse einzelner Filmsequenzen

Für eine Analyse bieten sich im Film „Der Junge im gestreiften Pyjama" folgende Sequenzen an:

Sequenz 1: Der Anfang des Films (00:00 – 14:08)
Sequenz 2: Die erste Begegnung am Zaun (30:00 – 33:53)
Sequenz 3: Das Lager macht am Zaun nicht Halt (46:24 – 52:50)
Sequenz 4: Der Schluss des Films (1:15:16 – 1:26:30)

Die Kopiervorlage zeigt in Form einer Regieklappe die Beobachtungsaufgaben für die Filmsequenzen: Rechts oben befindet sich ein Arbeitsauftrag zum Buch-Film-Vergleich, rechts unten zur Analyse der filmsprachlichen Elemente. Eine weitere Impulsfrage, der man abschließend nachgehen kann, befindet sich am unteren Rand. Diese Aufträge und Fragen sind für alle vier Sequenzen identisch.

Unter der Regieklappe finden Sie für jede Sequenz eigene vertiefende Fragen, die links auf das freie Feld der Klappe geklebt werden können. So entsteht pro Szene eine eigene Zusammenstellung von Beobachtungsaufträgen und Fragen. Sie können das Arbeitsblatt entweder in dieser Form an die Schüler verteilen oder selbst für jede Filmsequenz eine eigene Regieklappe erstellen, indem Sie die vorhandene Klappe als Vorlage nehmen, die linke Spalte bekleben und anschließend kopieren.

Da es für die Schüler schwierig ist, sich auf mehrere Aspekte gleichzeitig zu konzentrieren, empfiehlt es sich, die drei großen Beobachtungsaufgaben im oberen Bereich der Regieklappe auf drei Expertengruppen zu verteilen. Die Zuständigkeit der Expertengruppen rotiert mit den verschiedenen Filmsequenzen.

Für die Beobachtung der filmsprachlichen Elemente ist es sinnvoll, den Schülern ein Raster an die Hand zu geben, in das sie ihre Beobachtungen eintragen. Das Raster kann wie folgt aussehen:

Filmsprachliche Mittel	
Einstellungsgröße	
Kameraperspektive	
Kamerafahrt	
Filmmusik	
Schnitt / Montage	
Sonstige Beobachtungen	

Bei den einzelnen Szenen ist folgende Vorgehensweise denkbar: Die Klasse sieht sich die jeweilige Sequenz an, wobei sich die Experten auf ihre Beobachtungsaufgabe konzentrieren und sich Notizen machen. Anschließend gehen die Experten zum Austausch zusammen (nicht mehr als vier bis fünf Schüler pro Gruppe) und stellen dann der Klasse ihr Ergebnis vor. Die Impulsfrage kann abschließend im Plenum diskutiert werden.

Mögliche Lösung

Sequenz 1: Der Anfang des Films

Vertiefende Fragen:

1. Film spielt zur Zeit des Nationalsozialismus (Hakenkreuzfahne); Einführung der gesamten Familie; Reichtum der Familie wird deutlich gemacht; Bruno ist als einziger vom Umzug nicht begeistert; die Beförderung von Brunos Vater wird stolz gefeiert.
2. Hakenkreuzfahnen; Jungen simulieren Kampfflugzeuge; Juden werden auf der Straße von Nazis abtransportiert; Gäste grüßen mit dem Hitlergruß.
3. Brunos Mutter freut sich über die Beförderung; der Vater erscheint zunächst in Zivil; die Eltern erklären den Kindern die veränderte Situation bei einer Tasse Kaffee; die Familie reist gemeinsam nach Auschwitz; alles wirkt sehr harmonisch.

Buch-Film-Vergleich:

- Bruno ist noch auf dem Heimweg mit seinen Freunden; Straßenszenen in Berlin werden gezeigt.
- Mutter ist stolz über Beförderung und Umzug.
- Vater und Mutter berichten Gretel und Bruno gemeinsam, dass die Familie umzieht.
- Am Abend vor der Abreise wird ein Fest anlässlich der Beförderung des Vaters veranstaltet, bei dem Brunos Großvater und Großmutter anwesend sind.

Filmsprachliche Elemente:

Einstellungsgröße	Detail: Hakenkreuzfahne Groß: z. B. Brunos Mimik, als er die Nachricht vom Umzug erfährt; Brunos Gesicht beim Blick auf das Lager. Halbtotale: z. B. Kotler zunächst im Hintergrund, dann groß.
Kameraperspektive	Froschperspektive: z. B. Brunos Vater präsentiert sich seinen Gästen in Uniform. Vogelperspektive: z. B. Gretel und Bruno beobachten die Party von oben.
Kamerafahrt	Kamera verfolgt die vier Jungen, zeigt dabei aber auch verschiedene Straßenszenen in Berlin. Kamera fängt immer wieder Bruno ein.
Filmmusik	Fröhlich wirkende, dynamische klassische Musik zu Beginn. Nationalhymne, als Brunos Vater auf Party erscheint. Ruhige Hintergrundmusik auf der Reise ins neue Zuhause (Musik stoppt bei Ankunft).
Schnitt / Montage	Die Jungen auf dem Nachhauseweg von der Schule in Parallelmontage mit dem Inneren des imposanten Wohnhauses.
Sonstige Beobachtungen	Beim „Familienrat" mit der Nachricht des bevorstehenden Umzugs: Eltern sitzen mit Gretel zusammen auf dem Sofa, Bruno ist allein auf der gegenüberliegenden Seite in einem Sessel → veranschaulicht die unterschiedlichen Meinungen zum Umzug.

Sequenz 2: Die erste Begegnung am Zaun

Vertiefende Fragen:

1. Schmuel wird dargestellt, wie im Buch beschrieben: traurig, auf dem Boden sitzend, schmutzig, wirkt verloren; er trägt einen gestreiften Anzug, jedoch keine gestreifte Stoffmütze. Auffallend sind seine abstehenden Ohren und seine Pausbacken. Im Gegensatz zu Bruno hat er sehr schlechte Zähne.
2. individuelle Einschätzung

Buch-Film-Vergleich:

- Bruno entdeckt den Jungen nicht als Punkt von Weitem, sondern der Zaun taucht plötzlich auf und er sieht Schmuel.
- Bruno setzt sich nicht auf den Boden, er bleibt stehen.
- Es wird nicht erwähnt, dass beide am gleichen Tag Geburtstag haben.
- Schmuel ist nicht allein am Zaun. Im Hintergrund sind erwachsene Lagerhäftlinge, die eine Baracke bauen.
- Schmuels Lagerhäftlingsnummer wird thematisiert.
- Schmuel wird zur Arbeit zurückgerufen.

Filmsprachliche Elemente:

Einstellungsgröße	Totale: die andere Seite des Zauns (kurz). Halbnah: z.B. Darstellung des Dialogs zwischen Bruno und Schmuel. Groß: z.B. Brunos Gesicht beim Anblick des Zauns; Bruno am Ende des Gesprächs, als Schmuel wieder zurück muss (starke Fokussierung auf seine Mimik, um seine Gedanken zu verdeutlichen). Halbtotale: z.B. Schmuel von hinten mit Schubkarre.
Kameraperspektive	Froschperspektive: z.B. Bruno entdeckt den Zaun. Normalperspektive: z.B. das Gespräch am Zaun zwischen den beiden.
Kamerafahrt	Parallel zur Bildfläche bei Brunos Streifzug durch den Wald. Als Bruno den Zaun betrachtet, schwenkt die Kamera am Zaun entlang und ahmt Brunos Blick nach.
Filmmusik	Lebhafte Klaviermusik während Brunos Streifzug durch den Wald, wird langsam ausgeblendet, als Bruno sich dem Zaun nähert.
Schnitt/ Montage	Brunos (unbeschwertes) Rennen durch den Wald im Schnitt mit der Entdeckung des Zauns und Schmuels.
Sonstige Beobachtungen	Starker Kontrast zwischen Brunos und Schmuels Hintergrund: bei Bruno blühende Natur (grün, gelb); Schmuel sitzt vor Betonresten und Schutt, Hintergrund farblich ähnlich wie seine Häftlingskleidung (grau).

Sequenz 3: Das Lager macht am Zaun nicht Halt

Vertiefende Fragen:

1. Die Mutter macht einen fassungslosen, schockierten Eindruck und stellt ihren Mann sofort zur Rede.
2. Dem Abendessen geht der Streit zwischen Brunos Eltern voraus. Seine Mutter macht ihrem Mann dabei klar, dass das Vorgehen im KZ nichts mit Krieg zu tun hat und sein Verhalten sie entrüstet bzw. abstößt.
3. Brunos Vater verdächtigt Oberleutnant Kotler, seiner Frau die Wahrheit über die Vorgänge im KZ gesagt zu haben. Kotler liefert ihm mit der Information über seinen Vater ein Ventil für den Ärger über Brunos Mutter. Deshalb bohrt der Vater immer weiter.
4. Die Familienidylle bekommt Risse. Brunos Mutter erkennt, welchen Preis die Beförderung ihres Ehemanns hat. Das Lager bleibt nicht mehr jenseits des Zauns, sondern dringt in das Familienleben ein (Gewalt gegenüber Pavel beinahe vor den Augen der Familie).

Buch-Film-Vergleich:

- Zusätzliche Szenen: Brunos Mutter erfährt von Kotler, was tatsächlich über die Schornsteine verbrannt wird; Brunos Mutter stellt ihren Mann daraufhin zur Rede.
- Beim Abendessen ist auch Brunos Großvater anwesend (jedoch nicht die Großmutter).
- Pavel wird von Kotler nach draußen geschleift, man hört Schläge aus dem Off.

Filmsprachliche Elemente:

Einstellungsgröße	Groß: Brunos Mutter und Kotler vor dem Haus; Brunos Vater beim Streitgespräch mit seiner Frau (Fokussierung auf Mimik); dominierende Einstellungsgröße beim Essen (Fokussierung auf Mimik der Personen am Tisch). Halbnah und Groß: Brunos Mutter beim Streitgespräch (nicht nur ihre Mimik, auch ihre Gestik – läuft auf und ab, sinkt vor Verzweiflung zusammen – werden dargestellt). Totale: das Esszimmer zu Beginn; später nochmals, als Pavel die Weinflasche aufnimmt und sich den Personen am Tisch nähert.

Kamera-perspektive	Normalperspektive vor und während des Abendessens.
Kamerafahrt	Kameraschwenk zum Himmel, um zu zeigen, wie der Rauch aus dem Lager aufsteigt.
Filmmusik	Leise, bedrohliche Hintergrundmusik setzt ein, als sich das Gespräch zwischen Kotler und Brunos Vater immer mehr zuspitzt.
Schnitt/ Montage	Drei Szenen mit Schnitt aneinandergereiht: Kotler und Brunos Mutter vor dem Haus, das Streitgespräch zwischen dem Kommandanten und seiner Frau, das Abendessen.
Sonstige Beobachtungen	Veränderung von Brunos Mutter: zuerst hübsch zurechtgemacht, geschminkt, trägt farbiges Kleid; beim Abendessen dunkles Kleid, müder Blick, tiefe Ränder unter den Augen, graues, fahles Gesicht.

Sequenz 4: Der Schluss des Films
Vertiefende Fragen:
1. Fokussierung auf Brunos Mimik: Man sieht Missfallen, Erschrockenheit, Entsetzen in seinem Gesicht über das, was er sieht. Als er vorschlägt, wieder zu gehen, ist er kurz davor, zu weinen.
2. Es werden viele lethargische Häftlinge in der Baracke gezeigt; sie werden zusammengetrieben. Ein Häftling, der stürzt, wird erschossen. Schließlich befinden sich die Häftlinge in der Gaskammer.
3. individuelle Einschätzung

Buch-Film-Vergleich:
- Bruno nimmt zusätzlich einen Spaten zum Zaun mit, damit er ein Loch graben kann, um unter dem Zaun durchzukriechen. Bruno hat keine abrasierten Haare.
- Brunos Mutter fällt sehr schnell auf, dass Bruno nicht mehr auf der Schaukel ist. Sie ist sofort beunruhigt und sucht zunächst mit dem Hausmädchen Maria und Gretel nach ihm. Als sie bemerkt, dass die Tür hinterm Haus offen und Bruno Richtung Lager verschwunden ist, alarmiert sie ihren Mann.
- Brunos Familie und einige Nazi-Offiziere rennen Richtung Lager und entdecken sofort das Loch unter dem Zaun und Brunos abgelegte Kleidung.
- Bruno möchte sehr schnell wieder nach Hause; die beiden suchen Schmuels Vater nicht lange, sie beginnen ihre Suche in der Baracke, wo sie zusammengetrieben werden.
- Es wird gezeigt, wie die Soldaten Zyklon B in die Gaskammer streuen.
- Brunos Vater stößt auf die leere Baracke, sieht den Soldaten auf dem Dach der Gaskammer das Zyklon B wegpacken und schreit Brunos Namen.
- Brunos Mutter bricht am Zaun zusammen, als sie ihren Mann nach Bruno schreien hört.

Filmsprachliche Elemente:

Einstellungsgröße	Halbtotale: z.B. Bruno und Schmuel im Lager (Umfeld wird gezeigt). Groß: z.B. Bruno im Lager (Fokussierung auf seine Mimik); Zusammenbruch von Brunos Mutter am Zaun. Halbnah und Groß: z.B. Bruno und Schmuel am Zaun beim Wechseln der Kleider; Brunos Vater im Regen vor der Gaskammer. Detail: Bruno und Schmuel halten sich in der Gaskammer an den Händen.
Kamera-perspektive	Froschperspektive: Ein Soldat streut von oben Zyklon B in die Gaskammer; die Mutter sieht Brunos Kleider am Zaun. Vogelperspektive: zusammengepferchte Menschen in der Gaskammer; Mutter und Gretel am Zaun.
Filmmusik	Zunächst ruhige klassische Musik, die zunehmend schriller wird und abrupt endet, als Brunos Vater die leere Baracke sieht. Ruhige Musik setzt wieder ein, als die Kleider im Vorraum zur Gaskammer gezeigt werden.
Kamerafahrt	Kamera bewegt sich beim Zusammentreffen auf die beiden Jungen zu; Kamera entfernt sich von Tür der Gaskammer.
Schnitt/ Montage	Bruno und Schmuel im Lager in Parallelmontage mit der Familie auf der Suche nach Bruno.
Sonstige Beobachtungen	Ein Gewitter verstärkt die panische Stimmung bei der Suche nach Bruno.

KV Seite 63 / 64

Filmkritiken unter der Lupe

Diese Kopiervorlagen bieten den Schülern die Möglichkeit, sich mit drei leicht gekürzten Filmkritiken auseinanderzusetzen. Da sie sprachlich auf einem sehr hohen Niveau verfasst sind, sollten die Schüler unbekannte Wörter nachschlagen (dies kann auch am Computer erfolgen) und deren Bedeutung in ihrem Heft vermerken. Bei leistungsschwächeren Schülern empfiehlt es sich, die Kritiken im Plenum inhaltlich zu erarbeiten.

In einem zweiten Schritt analysieren die Schüler die Kritiken nach den auf Seite 64 vorgegebenen Kriterien im Heft.

Abschließend versetzen sich die Schüler in die Rolle des jeweiligen Autors und entscheiden, welche Schulnote sie aufgrund ihrer aufgelisteten Kritikpunkte dem Film geben würden. Damit diese Bewertung nicht unüberlegt geschieht, kann folgender Zwischenschritt erfolgen: Die Schüler markieren in ihrer Tabelle alle positiven Kritikpunkte grün, die neutralen Bewertungen gelb und die negativen Punkte rot. So kann die Bewertung in einem Klassengespräch fundiert begründet werden.

Mögliche Lösung

Kritik 1: SPIEGEL ONLINE

Darstellung Brunos und seiner Familie	„Mit nüchterner Präzision beschreibt Herman den Zerfall der Familie und die Erosion väterlicher Autorität." Bruno als „unnachgiebige[r] kleine[r] Forscher", der „widersprechende Informationen verarbeiten muss".
Schluss des Films	„[B]efremdlich, wie Herman mit aller Kraft auf ein dramatisches Ende zusteuert". „lärmende, pompöse Musik" „[A]ufgedonnerte Parallelmontage, die ihre Spannung aus der Frage beziehen will, ob zwei kleine Jungen in der Gaskammer enden oder nicht, ruft nach wie vor den moralischen Widerwillen des Zuschauers hervor."
Schauspielerische Leistung	„großartige Vera Farmiga" (Brunos Mutter)
Gesamturteil	Der Film beschreibt den Holocaust „subtil [als] ein Grauen, das jede Vorstellungskraft übertrifft". Am Ende widersetzt sich Holocaust den Kinoklischees.

Kritik 2: sueddeutsche.de

Darstellung Brunos und seiner Familie	Als Zuschauer kann man nicht glauben, dass die Mutter derart ahnungslos darüber sein soll, was ihr Mann macht. Unglaubwürdig, dass der „wache" Bruno so lange „treuherzig naiv" bleibt.
Schluss des Films	„melodramatischer Schluss" mit Gewitter Es wird gewagt, Bilder aus der Todeskammer zu zeigen. „Schlusssequenz hat etwas von einem verbotenen Rausch". „[F]atal wirkendes Mittel der Parallelmontage" wird eingesetzt, beschleunigt den sonst „sanft dahingleitenden Bildfluss".
Schauspielerische Leistung	–
Gesamturteil	Film wirkt konstruiert, spekulativ, „geschmäcklerisch", „niedlich banal" und unwahr.

Kritik 3: festivalblog.com

Darstellung Brunos und seiner Familie	Charaktere bleiben „unnahbar und holzschnittartig". In der englischen Originalfassung wirken Bruno und seine Familie in Sprache und Verhalten eher britisch als deutsch.
Schluss des Films	–
Schauspielerische Leistung	„[G]ute schauspielerische Leistung aller Darsteller, insbesondere von David Thewlis" (Brunos Vater).
Gesamturteil	„Mit dem Wissen eines Erwachsenen lässt [den Autor] der Film seltsam unberührt und auch etwas verärgert zurück." Autor zählt den Film nicht zu seinen Favoriten. Film sollte trotzdem seine Kinozuschauer bekommen.

Kreativ aktiv

Die Macher des Films

Recherchiere im Internet über Erscheinungsjahr, Produzent, Regisseur, Produktionsfirma und Komponist der Filmmusik. Stelle dabei auch den Hintergrund dieser Personen dar (Welche Nationalität haben sie? Bei welchen Filmen waren sie bereits beteiligt? Wie erfolgreich sind sie? ...). Sammle Informationen über die beiden Hauptdarsteller, die Bruno und Schmuel spielen.

Begriffe der Filmsprache

Schneide die Kärtchen aus und ordne Begriff und Erklärung jeweils richtig zu. Klebe die Paare anschließend in dein Heft.

✂

Filmmusik	**Einstellungsgröße 2: Halbtotale**
Einstellungsgröße 3: Halbnah	**Kamerafahrt**
Einstellungsgröße 5: Ganz groß / Detail	**Einstellungsgröße**
Kameraperspektive	**Einstellungsgröße 4: Groß**
Montage / Schnitt	**Einstellungsgröße 1: Totale**

Vogelperspektive: gibt einen Überblick, vermittelt oft Einsamkeit des Gezeigten; Normalsicht: ahmt die natürliche Wahrnehmung nach; Froschperspektive: unterstreicht die Mächtigkeit des Gezeigten.	Das Zusammenstellen der verschiedenen Einstellungen in einer Filmsequenz; die Parallelmontage verfolgt zwei oder mehr räumlich getrennte Handlungsstränge und zeigt sie abwechselnd.
Einstellungsgröße, die eine Person in voller Größe abbildet; Körperhaltung und Aussehen sind gut erkennbar.	Einstellungsgröße, bei der die Person maximal bis zur Hüfte zu sehen ist; typisch für Dialoge, da die Gestik gut erkennbar ist.
Einstellungsgröße, bei der das Gesicht dominiert, die sich also auf die Mimik konzentriert; dient der Visualisierung von Gefühlen und Empfindungen.	Einstellungsgröße, die einen extremen Ausschnitt eines Gegenstands oder Körperteils zeigt; hebt das wesentliche Detail einer Handlung hervor.
Die Kamera wird entweder parallel zur Bildfläche bewegt oder auf das Geschehen zu bzw. von ihm weg.	Untermalt das Filmgeschehen; begleitet Stimmungen, lenkt in eine bestimmte Richtung, gibt Hinweise und erzeugt Spannung.
Gibt an, wie groß Figuren oder Objekte im Bild zu sehen sind.	Einstellungsgröße, die eine Person in ihrer Umgebung zeigt; führt häufig in eine neue Szene ein und verschafft dem Zuschauer einen Überblick.

Die Analyse einzelner Filmsequenzen

Sieh dir die Filmsequenzen an und analysiere sie anhand der folgenden Fragen und Aufträge.

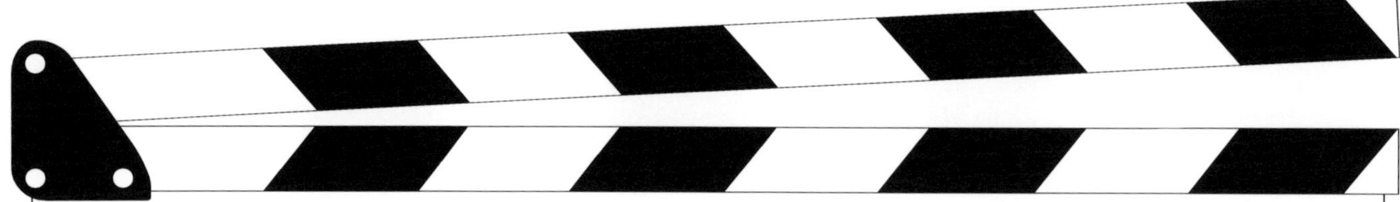

Hier entsprechende Sequenz einkleben

Inwiefern weicht diese Filmsequenz vom Buch ab? Notiere stichwortartig.

Beobachte diese filmsprachlichen Elemente:
- Einstellungsgröße
- Kameraperspektive
- Kamerafahrt
- Filmmusik
- Schnitt / Montage

Welche Besonderheiten gibt es?

Entspricht die filmische Umsetzung den Vorstellungen, die du dir während der Lektüre des Buchs gemacht hast?

✂

Sequenz 1: Der Anfang des Films (00:00 – 14:08)

1. Welche Informationen erhält der Zuschauer in den ersten Minuten des Films?
2. Welche Hinweise auf die Zeit der Handlung tauchen zu Filmbeginn auf?
3. Wie wird die Familie dargestellt? Wie ist der erste Eindruck von Brunos Vater?

Sequenz 2: Die erste Begegnung am Zaun (30:00 – 33:53)

1. Wie wird Schmuel dargestellt? Wie ist der erste Eindruck von ihm?
2. Wirkt diese erste Begegnung in seiner filmischen Umsetzung authentisch auf dich? Begründe deine Meinung.

Sequenz 3: Das Lager macht am Zaun nicht Halt (46:24 – 52:50)

1. Wie reagiert Brunos Mutter auf die Äußerung Kotlers?
2. Warum ist die Stimmung am Abendbrottisch von Anfang an schlecht?
3. Warum nimmt Brunos Vater Oberleutnant Kotler so „in die Zange“?
4. Inwiefern stellt diese Szene einen Wendepunkt dar?

Sequenz 4: Der Schluss des Films (1:15:16 – 1:26:30)

1. Wie drückt der Film aus, dass es Bruno auf der anderen Seite des Zauns nicht gefällt?
2. Welche Szenen wählt der Film für die Darstellung des KZs?
3. Wie wirkt der Schluss des Films auf dich?

Filmkritiken unter der Lupe (1)

1. Lies die drei Kritiken zum Film „Der Junge im gestreiften Pyjama".

Kritik 1: SPIEGEL ONLINE

[...] Mark Hermans Familiendrama „Der Junge im gestreiften Pyjama" [...] beschreibt den Holocaust aus der Sicht eines unwissenden, aber wissbegierigen Kindes. [...] Wie bei Roberto Benignis Oscar-gekröntem KZ-Drama „Das Leben ist schön" entzündete sich auch bei der Verfilmung von Boynes Roman ein Streit darüber, ob man den Holocaust aus Kindersicht erzählen könne. Es ist vielleicht die einzig angemessene Sicht, meint der Regisseur Herman. Denn nur ein Kind könne unbefangen die Fragen nach den elementaren Regeln des menschlichen Zusammenlebens stellen, nach Gut und Böse, nach Richtig und Falsch. Angesichts des Holocaust würden auch Erwachsene wieder zum Kind, weil sie etwas Unbegreifliches zu begreifen versuchten. So inszeniert Herman das „Dritte Reich" mit den Mitteln des Märchens. [...]

Mit nüchterner Präzision beschreibt Herman den Zerfall der Familie und die Erosion väterlicher Autorität. [...] Nach und nach erlebt Bruno, [...] wie seine Mutter, gespielt von der großartigen Vera Farmiga, ihrem Mann entfremdet wird [...]. Herman zeichnet Bruno als einen unnachgiebigen kleinen Forscher, der immer wieder einander widersprechende Informationen verarbeiten muss. Sein Vater erzählt ihm, dass Juden keine Menschen seien. Doch Bruno verspürt den Wunsch, Schmuel in die Arme zu nehmen. [...]

[Es] wirkt [...] befremdlich, wie Herman mit aller Kraft auf ein dramatisches Ende hinsteuert: Bruno klettert unter dem Zaun hindurch, um Schmuel zu helfen, seinen Vater zu finden. Da bricht mit einem Mal ein Gewitter aus, und der ansonsten stille, leise Film geht in lärmender, pompöser Musik unter.

Eine so aufgedonnerte Parallelmontage, die ihre Spannung aus der Frage beziehen will, ob zwei kleine Jungen in der Gaskammer enden oder nicht, ruft nach wie vor den moralischen Widerwillen des Zuschauers hervor. In den letzten Minuten widersetzt sich der Holocaust den Kinoklischees. Doch bis dahin beschreibt der Film subtil ein Grauen, das jede Vorstellungskraft übertrifft.

Zitiert nach: Lars-Olav Beier: Die andere Seite des Zauns, 04.05.2009.
Verfügbar unter: https://www.spiegel.de/spiegel/print/d-65243816.html (zuletzt eingesehen am 17.05.2024).

Kritik 2: sueddeutsche.de

[...] Mark Herman [versucht] seine Protagonisten so behutsam, unspektakulär und aufmerksam wie möglich in Szene zu setzen, Überdrehungen zu vermeiden, schrille Töne, Grausamkeiten und Brutalitäten meist nur anzudeuten oder elliptisch zu vermeiden. Dennoch schleicht sich, auch durch den schwer erträglichen Musikleim von James Horner, eine Art milde Kitschigkeit ein, die unrettbar verstimmt und distanziert. [...]

Herman scheut nicht davor zurück, über diesem melodramatischen Schluss ein Gewitter losbrechen zu lassen, er wagt Bilder aus der Todeskammer, zeigt, wie Soldaten von oben Zyklon B einstreuen. Diese Schlusssequenz hat etwas von einem verbotenen Rausch an sich. Aber schon lange vorher will man nicht mehr folgen, weil man nicht glauben kann: Dass die Mutter derart ahnungslos sein soll über den Auftrag ihres Gatten, dass die Welt so bunt, glatt und frühlingsschön, so gediegen und gutbürgerlich aussieht, dass der wache Bruno so lange treuherzig naiv bleibt und dass der KZ-Häftlingsjunge Shmuel so gutmütig vor sich hin erzählt, als gebe es doch so etwas wie ein Abenteuer innerhalb des Zauns.

Es passt dazu, dass Herman am Ende das altbewährte, aber in diesem Zusammenhang nur fatal wirkende Mittel der Parallelmontage – alternierend zwischen dem Gang in die Gaskammer und Brunos vergeblich heraneilenden Eltern – einsetzt und so den lange sanft dahingleitenden Bildfluss vehement beschleunigen kann. [...] Was in Boynes Roman durch die Vorstellungskraft des jeweiligen Lesers vielleicht funktionieren kann, verwandelt sich hier in der Konkretion der Bilder ins Konstruierte, Spekulative, Geschmäcklerische und manchmal ins niedlich Banale – mit einem Wort: ins Unwahre.

Zitiert nach: Harald Eggebrecht: Niedlich naiv, 17.05.2010.
Verfügbar unter: https://www.sueddeutsche.de/kultur/kino-der-junge-im-gestreiften-pyjama-niedlich-naiv-1.450232 (zuletzt eingesehen am 17.05.2024).

Filmkritiken unter der Lupe (2)

Kritik 3: festivalblog.com

[...] Mit dem Wissen des Erwachsenen lässt mich der Film [...] seltsam unberührt und auch etwas verärgert zurück. Wie man de[m] Holocaust mit filmischen Mitteln begegnen [soll], sorgt immer wieder für heftige Diskussionen. Zwar hat Regisseur Mark Hermans mit seinem Film der Versuchung widerstanden, mit den manipulativen Mitteln des kommerziellen Gefühlskinos Anteilnahme zu erzeugen. Die geglättete Erzählweise und die seichte musikalische Untermalung macht aber darauf aufmerksam, dass „The Boy in the Striped Pyjamas" eine breite Masse an Kinozuschauern ansprechen soll. Trotz der guten schauspielerischen Leistung aller Darsteller und insbesondere von David Thewlis, bleiben die Charaktere aber unnahbar und holzschnittartig. In der englischen Originalfassung wirken Bruno und seine Familie auf mich zudem nicht nur in ihrer Sprache, sondern auch in ihrem Verhalten eher britisch als deutsch. Dies mag aus internationaler Sicht kein Problem darstellen, mir persönlich versperrt es dagegen den Zugang.

Es gibt auch einige gute Ansätze im Film. So wird auf die im Hollywood-Kino typische Dämonisierung von deutschen Nazis verzichtet und Wert darauf gelegt zu zeigen, wie „normale" Familienmenschen Teil einer Vernichtungsmaschinerie werden können. Auch wenn „The Boy in the Striped Pyjamas" nicht zu meinen Favoriten zählt, hoffe ich deshalb trotzdem, dass der Film seine Zuschauer findet.

Zitiert nach: Andreas Tai: The Boy in the Striped Pyjamas, 23.09.2008.
Verfügbar unter: https://www.festivalblog.com/archives/2008/09/the_boy_in_the.php5 (zuletzt eingesehen am 17.05.2024).

2. Ergänze in deinem Heft folgende Tabelle und notiere, was der jeweilige Autor zu den Kriterien nennt.

	SPIEGEL ONLINE	sueddeutsche.de	festivalblog.com
Stil des Films	Regisseur inszeniert das Dritte Reich mit den „Mitteln des Märchens". „stiller leiser Film"	Protagonisten werden „behutsam, unspektakulär und aufmerksam in Szene gesetzt" Überdrehungen und „schrille Töne" werden vermieden, „Grausamkeiten und Brutalitäten meist nur angedeutet". „milde Kitschigkeit, die unrettbar verstimmt und distanziert"	keine „manipulativen Mittel[...] des kommerziellen Gefühlskinos" „[G]eglättete Erzählweise" und „seichte musikalische Untermalung" wollen breite Masse ansprechen. keine „typische Dämonisierung von deutschen Nazis" wie im Hollywood-Kino
Darstellung Brunos und seiner Familie			
Schluss des Films			–
Schaupielerische Leistung		–	
Gesamturteil			

